자기 부처를 찾아

서암 큰스님 법어집 1

정토출판

서암 큰스님 법어집 1

선사상의 진수 1
자기부처를 찾아

· 1판 1쇄 / 2003. 1. 20
· 1판 2쇄 / 2003. 4. 16

· **펴낸이** / 김정숙
· **펴낸곳** / 정토출판
· **등록번호** / 제 22-1008호
· **등록일자** / 1996. 5. 17
· **주소** / 서울특별시 서초구 서초 3동 1585-16 (우) 137-875
· **전화** / 02)587-8992
· **전송** / 02)587-8998
· **인터넷** / ·http://www.jungto.org/home/book
· **E-mail** / book@jungto.org

ⓒ 2003. 정토출판
값 20,000원
ISBN 89-85961-38-1 03220

1987년 해인사 제1차 전국 선화자 수련법회에서

해인사 선화자에서 성철·혜암·법전·일타 큰스님과 함께

1993년 봉암사 태고선원 하안거 결제

새해 인사

법상에서

1993년 종정 봉정식에서

자기 부처를 찾아

책을 펴내며

깨우침, 서암 큰스님과의 인연

법륜 정토회 지도법사

깨우침의 인연

제가 큰스님을 처음 뵌 것은 81년도 LA의 한 작은 절에서입니다. 그 절은 가정집 1층 반 지하에 있었는데 제가 찾아 갔을 때는 마침 주지 스님은 안 계시고 노스님이 한 분 계셨습니다. 그때 노스님께서 저를 맞이하며 하시는 말씀이 "나도 객으로 왔지만 그래도 하루라도 먼저 온 내가 자네보다 주인이 된다."시며 손수 비빔밥을 만들어 저에게 주셨습니다.

저녁이 되어 잠자리를 준비하는데 침대는 불편하시다며 저에게 침대를 주시고 노스님은 바닥에 자리를 펴셨습니다. 그런 편안한 분이시라 이런저런 이야기를 하게 되었습니다.

저는 중학생 때부터 청소년 불교운동을 하면서 불교가 좋으면서도 불교계의 부정적인 모습에 대해서 비판적인 시각을 갖고 있었습니다. 그런데 80년에 일어난 10.27법난에 대해서 불교계가 제대로 대응하지 못하는 것을 보면서 분노하고 있었습니다. 그러던 차에 편안하신 노스님을 뵙자 노스님이 마치 기존의 불교를 대표하는 듯, 그야말로 그동안 마음에 쌓였던 한국 불교의 부정적인 모습에 대해서 두어 시간 비판의 말을 했습니다. 그렇게 비판을 심하게 하고 나서 노스님께 어떻게 하면 이런 한국 불교를 정화할 수 있겠느냐 물었습니다.

묵묵히 듣고 계시던 노스님께서는 이렇게 조용히 답하셨어요.

"여보게, 어떤 한 사람이 논두렁 밑에 조용히 앉아서 그 마음을 스스로 청정히 하면 그 사람이 바로 중이요, 그곳이 바로 절이지. 그리고 그것이 불교라네."

두 시간 여에 걸친 긴 비판과 질문에 대한 대답은 이렇게 간단

했습니다.

그러나 그 말씀은 제게 큰 충격을 주었습니다. 그동안 저는 불교를 개혁하고 새로운 불교운동을 해야 한다며 나름대로 노력하고 있었습니다. 그런데 노스님의 그 말씀에 비로소 불법을 말하면서도 눈은 밖으로 향해 있는 자신의 모습을 보았던 것입니다.

'그래, 불교라는 것은 그 마음을 청정히 하는 것이지. 그 마음을 청정히 한 사람이 수행자요, 그 수행자가 있는 곳이 절이며 그런 것을 불교라 한다. 그러니까 기와집이 절이 아니고, 머리카락을 깎았다고 중이 아니다 … 아, 내가 지난 10여 년 간 불교를 개혁한다고 했는데 이제 보니 불교 아닌 것을 불교라고 착각하고 개혁하려 했구나. 그러니 그것은 마치 허공의 헛꽃을 꺾으려 한 것이요, 꿈속의 도둑을 잡으려고 한 셈이라 답답할 수밖에 없었구나……'

노스님의 그 한 마디 말씀에 그런 근본 이치를 깨달을 수 있었습니다.

그것은 저의 삶과 운동에 있어 큰 전환점이 되었습니다. 한마디로 잘못되었다고 비판하고 싸우는 데 에너지를 쏟기보다는 부처님의 근본 가르침을 먼저 실천하고 문제점에 대해서는 불교적인 대안을 제시하는 방향으로 전환하는 계기가 되었던 것입니다.

소탈한 성품

그분이 바로 당시 봉암사의 조실 스님이셨던 서암 큰스님이셨습니다. 그러나 당시는 그분이 어떤 분인지도 모르는 채 가르침에 대한 감동과 고마움만 안고 한국으로 돌아 왔습니다. 그러다 그 이듬해 분황사에서 청소년 수련을 할 때 분황사를 방문한 큰스님을 뵙고 그분이 서암 큰스님임을 알게 되었습니다.

그리고 몇 년 지난 뒤 서울에 20평짜리 사무실을 빌려 중앙불교교육원과 비원포교원이라는 작은 법당을 내면서 큰스님께 전화를 드려 3일간 법회를 부탁드렸는데 큰스님께서는 단지 "미국에서 만난 아무개입니다."라는 설명만으로 아주 흔쾌하게 응락해 주셨습니다. 그래서 "제가 모시러 갈까요?" 하고 여쭤 보니 "뭘 바쁘고 젊은 자네가 내려 오나. 한가하고 늙은 내가 알아서 올라 가지." 하셨어요.

그리고 큰스님께서는 시외버스를 타시고 마장동에 오셔서, 다시 시내버스 타시고 대각사에 들러 점심을 드시고 법회 시간에 맞춰 오셨습니다. 큰스님께서는 약속 시간에 늦으신 적이 없으셨습니다. 최소한 30분 전, 보통 1시간 전에 오셨지요. 그렇게 큰스님께서는 서울의 어느 절에서 주무시면서 저희 법당을 오가시며 3일간 아침 저녁으로 법회를 해주셨지요. 대중이라야 고작 스무 명 남짓이 모인 좁디 좁은 단칸 사무실이었음에도 큰스님께서는 저희 젊은 불자들을 위해 법문을 해주셨습니다.

그렇게 하시고 봉암사에 가셔서 한 달간 몸살을 앓으셨다고 합니다. 다시 법회에 모시려고 봉암사에 전화했을 때 시봉 스님으로부터 들어서 알았지요. 그러니 비록 큰스님께서 법회 요청을 허락하셨지만 시봉 스님께는 단단히 야단을 들을 수밖에 없었지요. 그래서 그 다음 법회에는 시봉 스님이 따라 올라 오셨어요.

큰스님은 그렇게 소탈하셨습니다.

또 한번은 법회 후 질문 시간을 갖는데 한 사람이 계속 초점이 어긋나고 제 자리를 맴도는 질문을 하여 모두들 답답하게 생각하며 듣고 있었어요. 그것을 큰스님 곁에서 한참을 듣던 시봉 스님께서도 안되겠다 싶으셨는지 큰스님께 "아, 스님 못 알아듣는데 그만하시지요."라고 하셨어요. 그때 큰스님은 대수롭지 않은듯 "아, 못 알아들으니 내가 여기까지 왔지 알아듣는 사람만 있으면 내가 무슨 말이 필요해."하시며 계속해서 자상하게 답을 일러주셨지요. 저희는 한편으로는 죄송스럽고 한편으로는 포교를 어떻게 해야 하는가에 대한 깨우침을 얻기도 했습니다.

검소한 생활

큰스님께서는 서울에 오실 때나 어디 지방가시고 할 때 언제나 통일호나 버스를 타고 다니셨어요. 어쩌다 새마을호 표를 끊어 드리려 하면 마다하시며 꼭 통일호를 타고 가시겠다고 하셨습니다. 민망한 마음에 이유를 여쭈어 보니, 첫째는 통일호를 타는 노인(65세 이상)에게는 승차비를 할인해 준다. 둘째는 통일호의 의자는 딱딱하기 때문에 참선하기에 아주 좋다며 아주 단호하신 것이었어요.

나이가 드시고 많은 사람들의 존경을 받는 위치에 계시면서도 검소하게 생활하시는 것이 마치 갓 출가하실 때처럼 그대로 살고 계십니다. 우리는 지금도 그렇게 잘 못사는데 말입니다.

봉암사 대중들 이야기로는 옛날에는 가은에서 봉암사까지 30리를 걸어다녔다고 합니다. 그래서 어쩌다 선방 수좌들이 시내에서 택시 타고 들어 오다가 큰스님께서 앞에 가시면 지나칠 수도 없고 해서 어쩔 수 없이 내려서 걸어 가고 그랬다 합니다.

또 대중이든 신도든 콜라나 사이다를 마시는 것을 보면 "왜 맑은 물 놔두고 썩은 물을 마시나?" 하셨고, "공부하는 사람은 차 달여 마시는 것도 엉뚱한 짓"이라고 질책하셨다고 합니다.

쓸데없는 일에 욕심 안 부리고 공부에만 전념한다면 저절로 수행이 된다는 것을 큰스님께서는 생활속에서 깨우쳐 주셨습니다.

언제나 배려하는 마음

제가 중앙불교교육원과 비원포교원을 개원했을 때는 자리도 좁고 돈도 없어서 불상도 못 모시고 관세음 보살님 액자 하나를 탱화 대신해서 모시고 있었습니다. 어른 스님을 모시면서 법당 하나 제대로 갖추지 못한 것이 좀 송구해서 큰스님께 "아직 불상을 모시지 못했습니다."라고 말씀드렸더니 그때 큰스님께서는 "생불이 앉을 자리도 없는데 불상이 앉을 자리가 어디 있겠느냐."며 조금도 개의치 않고 법회를 행하셨습니다. 그러다가 홍제동으로 옮겨 정토포교원을 열었을 때 불상을 모시겠다고 말씀드렸더니 이번에는 큰스님께서 알고 계신 불상 만드는 곳을 직접 찾아가셔서 주머니 속에 꼬깃꼬깃 넣어두셨던 쌈지돈을 꺼내어 제작자에게 주시면서 "이 젊은이들은 돈이 없으니 이 돈만 받고 해주게." 하시면서, 불상은 허리가 좀 길어야 기상이 있어 보인다고 허리를 좀더 키우라고 자상하게 지시해 주셨습니다. 그러니까 저희가 처음 모신 부처님은 바로 그렇게 큰스님께서 해주신 것이었습니다.

　89년도 하안거 기간에 제가 봉암사에 가서 부목을 한 철 살겠다고 말씀드렸더니 처음에는 할 일도 많은데 올 필요 없다고 하셨지만 받아주셨습니다.

　미래 사회에 대한 새로운 모색을 하려면 하던 일을 모두 멈추고 아무도 모르는 곳에서 자신을 돌아 보는 것이 필요하다는 생각에서 그런 시간을 마련하려고 한 것이라 다른 대중들 모르게 지낼 수 있도록 해달라고 부탁드렸습니다. 그래서 큰스님께서도 모른 척 해주셨지요.

　그런데 제가 그때 그 부목 일을 참 죽기살기로 했어요. 하던 일조차 잠시 놓고 멀리 떠나서 근본을 돌아 보는 생활을 하려고 그곳에 갔는데 또 그렇게 일하는 것에 빠졌던 것이지요.

　하루는 땀을 콩죽같이 흘리며 장작패기를 하고 있는데, 큰스님께서 가까이 오셔서 지나가듯 이렇게 말씀하셨어요.

　"최법사, 자네 없어도 이제까지 봉암사 잘 있었네."

　일에만 집착하는 저를 그렇게 은근히 깨우쳐 주셨습니다.

그때 제가 거지와 함께 부목을 살았는데 그는 나를 보고 "너는 중도 아닌데 뭣땜에 3시에 일어나 새벽 예불하고 저녁 예불도 하면서 중처럼 지내느냐?" 하면서 놀리곤 했지요. 그러다가 어느 날 제가 아파서 몸져 눕게 되었어요. 그런데 하루는 제가 약방에 간 사이에 큰스님께서 아무도 몰래 오셔서 꿀을 놓고 가셨다는 것이었어요. 그 말을 전해 준 다음날로 그 거지는 떠나 버렸어요. 내가 부목이 아닌 줄 알았던 것이지요.

큰스님께서는 무관심하신 것 같으면서도 그렇게 늘 배려하는 마음이 크셨습니다.

돌이켜 보면 그 일뿐만 아니라 저는 이제까지 큰스님의 배려를 참 많이 받았던 것같습니다.

언제나 법도에 맞게

문경 정토수련원을 개원할 당시의 일입니다. 아직 길도 안 닦인 그곳에서 법문을 청했을 때 큰스님께서는 흔쾌히 응하시고 땀을 흘리시며 걸어 오셨지요. 건물도 없어서 감나무 그늘 밑에 놓인 돌 위에 앉으셔서 법문을 하시고 저희도 하나씩 돌을 깔고 앉거나 땅바닥에 앉아 법문을 듣는 그야말로 야단법석이 펼쳐졌었지요. 그때 법문을 마치신 스님께서는 저희들 젊은 사람들을 기특해 하시면서 그 돌밭을 돌아 보며 "앞으로 여기에 큰 건물이 착 들어설 것이야."라고 하셨는데 당시는 그곳의 불사에 대해서 생각 못했는데 지금 저희들의 계획을 미리 보신 듯합니다.

큰스님께서는 출가, 재가를 막론하고 누구나 수행하는 대승불교운동의 정신이 잘 살려지길 바라셨지요. 그래서 제가 91년도에 머리를 깎고 출가를 했을 때 탄식하시면서, "아니! 최법사가 죽었구먼, 죽었어." 하시면서 섭섭해 하셨어요. "이 세상에 중은 흔해도 최법사는 귀하다."는 말씀을 하시면서 아쉬워 하셨지요.

종정되실 때도 큰스님께서는 안하려 하셨습니다. 그러다 원로회의에서 그렇게 결정하고 간곡한 요청이 있자 "내가 조계종 중으로 종단에 빚이 많으니 밥값은 해야겠구나." 싶어 응하시기는 하면서 사태가 정리되면 곧 그만둔다고 하셨습니다.

나중에 종단사태가 발생했을 때 많은 스님들이 개혁한다며 힘으로 밀어부치자, "세력으로 밀어부치는 것은 불법이 아니라 다 폭력이야."라고 말씀하시면서 세속 법이 아니라 불법에 따라 순리로 풀기를 권하셨습니다.

결국 종정직을 사퇴하신 큰스님께서는 종단에 폐를 끼치지 않겠다며 처음 출가하실 때처럼 다시 바랑 하나 짊어지고 노구를 이끄시고 한 곳에 머무시지 않고 이곳 저곳을 전전하셨습니다.

그러다가 봉화에 작은 토굴을 짓고 잠시 정착을 하셨을 때도 손수 식사 끼니를 지어드시고 계셨습니다. 몸이 영 불편해진 지금은 다시 봉암사로 들어가 계시지만 그 전까지만 해도 큰스님께서는 제자들이 시봉하겠다고 찾아 오면 바랑을 문 밖으로 내던지시면서 "공부하려고 중 되었지, 남의 종노릇 하려고 중 되었나!" 면서 야단을 쳐서 돌려보내시곤 하셨습니다.

한번은 그곳을 지나다 들르게 되었는데 그때가 한 겨울이었거든요. 그런데 방이 아주 냉골이라 참으로 황망한 마음에 "방이 왜 이리 춥습니까?" 하고 여쭤 보니 "보일러가 많이 쓴다고 자꾸 데

모를 해." 하시는 것이었어요. 그래서 상황을 알아 보니 보일러가 고장이 났지만 혼자 계시다 보니 손을 쓸 수가 없었던 것이었습니다. 그래도 몸을 움직일 수 있으면 됐다고 하시면서 시봉 스님을 받지 않으시려 했지요.

즐거운 가운데 깨우침을 주는 살아있는 법문

큰스님께서는 그렇게 소탈하고 검소하게 그리고 언제나 법도에 맞게 살아 오신 분입니다.

그렇다고 고리타분한 것과는 거리가 멉니다. 큰스님께서는 번뜩이는 유머감각으로 언제나 대중들을 즐겁게 해주셨고 그 즐거운 가운데 깨우침을 주시는 참으로 살아있는 법문을 하시곤 하셨지요.

일반 법문도 감동적이지만 특히 대담에 뛰어 나셨습니다. 한번은 방송용 대담을 하는데 한 질문당 3분 이내로 해주시면 좋겠다는 진행자의 말에 "그러마" 하시더니 정말 시간을 제듯 정확하게,

그러면서도 핵심을 밝혀주시는 말씀에 옆에서 지켜본 방송 진행자도 감탄하였습니다.

다리가 아프시면 "몸뚱이도 80년 부려먹었더니 이제 다리가 데모를 해." 그러시며 웃으셨고, 어느날 파리가 밥에 앉는 것을 보고는 "아, 참 그놈 발도 안 씻고 남의 밥상에 앉는다."고 하시는 등 일상 생활 중에도 큰스님의 유머와 번뜩이는 지혜는 우리를 늘 깨우쳐 주셨습니다.

또 젊었을 때 수행하시면서 경험하신 이야기도 그렇습니다. 한번은 거지들이 자기들은 하루종일 구걸해도 많이 못 얻는데 스님께서 탁발하면 많이 얻으니까 큰스님 뒤를 따라다니면서 동냥을 얻었다고 합니다. 그렇게 하루종일 함께 다니고 저녁무렵 마을어귀에 도달했을 때입니다. 큰스님께서 갑자기 뒤돌아서서 그 거지들을 향해 요령 흔들고 염불을 하신 것입니다. 그러자 처음에는 당황하던 거지들이 얼굴이 환해지면서 큰스님 바랑에 그날 얻은 것을 다 넣어주면서 그렇게 좋아하더라 하셨습니다. 주는 것이 기쁨임을 알게 해주신 것이지요. 참으로 가섭 존자이야기가 실감

나는 살아있는 법문이었지요.

출가의 인연과 생사를 넘는 정진

큰스님께서는 1917년에 경상북도 안동 풍기읍 금계동에서 출생하셨습니다. 일찍이 아버님께서 독립운동에 참여하신 관계로 안동형무소에 투옥되시자 집안은 파산의 운명을 겪게 되었습니다. 이후 어머니를 따라 방랑하시던 길에 예천 땅에 이르게 되셨는데 그곳에서 민족의식에 눈을 뜬 분들이 설립한 조그마한 사립학교에서 처음으로 신학문을 배우게 되셨습니다.

어려운 환경에서 신학문을 배우면서도 당시 여러 선생님들을 찾아다니며 — 특히 목사님들이나 그외 많은 분들에게 — 본인이 갖고 있는 인생의 의문점을 여러 가지로 질문했지만, 흔쾌한 답을 얻지 못하고 늘 답답해 하셨습니다. 그러던 중 어느 날 친구와 같이 서악사의 화산 노스님을 만나뵙는 인연을 가지게 되셨습니다.

"지금까지 네가 보고 들은 것 빼놓고 네 소리를 내놓아 보라."

"네가 이 세상에 나올 때 바람이 불더냐? 아니면 하늘이 청명하더냐?"

그 노스님의 몇 마디 말씀에 이제까지 당신께서 알고 있던 모든 지식이 무용지물이 되고 한마디도 대답할 수 없는 막막한 경지에 처하게 되는 전혀 색다른 경험을 하시게 되었답니다. 그 자리에서 출가하여 스님이 되기를 원했지만 노스님께서는 받아주시지 않으시고 정 원한다면 절에서 머슴을 3년 살라고 했다고 합니다. 그렇게 그곳 서악사 화산 노스님 밑에서 머슴과 같은 행자 생활을 3년이나 하시고 난 이후, 1935년 김룡사에서 화산 스님을 은사로, 낙순 스님을 계사로 사미계를 받으셨습니다. 그리고 1937년에는 금오 스님을 계사로 비구계와 보살계를 수지, 대덕법계를 품수하시고 서암西庵이라는 법호를 받으셨습니다.

김룡사 강원을 졸업하신 후 종단의 추천을 받아 종비생으로 일본에 유학을 하시게 되었습니다. 일본대학 종교과에 입학하셔서 고학을 하시면서 학교에 다니시던 중, 병환을 얻으셨는데 병원에서는 폐결핵 말기라 더 이상 치료할 수 없다는 사형선고를 받으셨습니다. 그러나 출가한 지 6년이나 되는 승려로서 병에 져서야 되겠는가 하여 정진으로 생사를 뛰어넘을 각오로 귀국하신 큰스님께서는 결사용맹정진을 하시던 중 그 죽음의 병마를 뛰어넘으시고 생사의 문을 박차고 나가셨던 것입니다.

계속되는 정진과 후학 양성

일제 징용이 한창일 때는 철원 심원사에서 후학을 지도하는 강사를 잠시 역임하신 적도 있고 대승사에서는 청안 스님, 청담 스님, 포산 스님, 우봉 스님, 성철 스님과 함께 정진을 하셨고, 광복 이후 우리 사회가 매우 혼란스러울 때 당대 선지식이신 금오 스님을 모시고 도반들과 더불어 지리산 칠불암에서 마지막 한 명이 남을 때까지 잠을 자지 않고 용맹정진하는 결사를 하셨는데 마지막으로 남은 세 명 가운데 한 분이 되기도 하셨습니다.

큰스님께서는 해인사, 망월사, 김룡사 금선대 등에서 정진을 계속하셨습니다. 1952년 이후로는 특히 청화산 원적사에서 다년 간 정진하셨으며, 1979년 봉암사 조실로 추대되신 후로 20여 년 간 수많은 수행납자들을 지도해 오셨습니다.

그로 인하여 오늘날 봉암사가 종단의 최고 선원이 되도록 하셨으며 또한 구산선문 중의 하나인 봉암사가 그 옛날의 자랑스런 면모를 갖추는 대작불사를 하시기도 했습니다.

이렇게 산중에서 정진과 후학 양성에 몰두하시는 한편 우리 종단이 어려움에 처할 때마다 원로스님들의 요청에 응하셔서 잠시나마 총무원장을 맡기도 하셨고, 또 원로회의 여러 스님들의 추천으로 원로회의 의장을 맡으셨는가 하면, 또 원로회의의 추대로 종정의 지위에 오르시기도 했습니다.

1994년 종정직과 봉암사 조실을 사임하시고 운수 행각을 하시던 큰스님께서는 2001년 봉암사 대중들의 간청에 의해 봉암사 염화실로 돌아와 한거閑居중이십니다.

한국 최고의 선승이시자 원로스님이시지만 세수로 80세가 넘으시도록 몸이 허락하는 한 언제나 대중교통 수단을 이용하시고 시봉 또한 두지 않으신 채 참으로 검소하고 소박하게 살아 가시는 큰스님의 모습에서 우리는 과연 수행자의 삶이 어떠해야 하는가 그 근본을 볼 수 있습니다.

깨달음의 향기를 담고자

불교를 전혀 모르는 대중들이라도 큰스님의 말씀은 아주 쉽고 친근하게 불법의 핵심에 다가가게 해줍니다. 옛 성인의 말씀을 인용하시는 경우도 아주 쉽고 그야말로 옛사람의 정취를 느끼게 해주십니다. 문자로는 그런 큰스님의 독특한 향기를 다 전할 수 없습니다. 그러나 큰스님의 그 가르침을 그냥 덮어두기에는 너무나 아쉬워서 부족한 대로 법문을 모아 정리해 보았습니다.

1988년부터 15년간 빠짐없이 실렸던 월간 정토에서 대표적인 말씀을 골라 나름대로 분류하여 정리해서 일반 법문과 대담집, 각각 1권씩 총 2권으로 엮어 보았습니다. 물론 큰스님께서는 선방의 결제나 해제 법문도 많이 하셨지만 그것은 다음에 따로 정리하기로 하고 여기에는 주로 일반 신도들에게 하신 법문을 모아 보았습니다. 특히 1996년 이후에는 대담 법문 자료가 많은데 대부분 정토가족이나 일반 대중을 대상으로 한 것이라 대담자에 관계없이 전부 취합하여 내용별로 구분해 보았습니다.

큰스님께서는 언제나 이 공부에는 어떤 단계가 고정되어 있지 않다고 하십니다. 그러니 보는 이는 순서에 개의치 않고 보셔도 좋습니다.

큰스님의 말씀은 그냥 듣고만 있어도 마음이 평안해집니다. 마음이 답답할 때 언제나 다시 꺼내 읽어 보시면 깨달음의 빛을 볼 수 있으리라 생각합니다.

그 빛이 여러분에게도 저의 경우처럼 인생에 있어 커다란 획을 긋는 소중한 계기가 될 수 있기를 기원합니다.

불기 2546년 12월
백화산 정토수련원에서 법륜 합장

12 · 책을 펴내며

참선에의 입문

37 · 본래 부처를 찾아
48 · 꿈 깨는 도리
58 · 생사를 뛰어넘어
69 · 새 인생이 열리는 마음 공부

생활선의 세계 Ⅰ

81 · 칭찬에도 비난에도 흔들리지 말고
90 · 어디에도 걸림 없네
99 · 마음 하나 밝히면 이곳이 극락
110 · 아주 쉽고 재미있는 마음 공부

생활선의 세계 Ⅱ

123 · 절대 평등한 이치를 밝히는 참선
138 · 여유롭고 기쁨이 넘치는 생활의 힘

선禪의 진수 Ⅰ

151 · 아는 것을 넘어 화두일념으로
164 · 마음, 마음, 마음
175 · 이생에서 한번 깨쳐 보세

선禪의 진수 Ⅱ

189 · 자신의 문제에 몰두하는 법
203 · 삼독심을 접어 없애면 무아
217 · 지금이 바로 큰 마음을 일으킬 때

인간성 회귀의 선

227 · 자기 부처를 찾아
238 · 경계를 넘나들며 만상을 짓는 한 생각
251 · 고통도 기쁨도 머물다 떠나 가네
262 · 만법은 마음에서 일어 난다네

정토세상 만들기

277 · 지혜로운 이는 어리석은 이를 탓하지 않네
287 · 근본 자기를 깨우쳐주세
297 · 다스리지 않아도 어지럽지 않네

참선에의 입문

인천 청련선원에서 일반 대중에게

본래 부처를 찾아

선은 가르쳐 줄 수 없는 것

이 세상 물건은 물 한 방울도 없앨 수 없는 것이 만법의 이치입니다. 오늘날에는 철학이나 과학에서도 '물질불멸론'이라 하여 물질은 없어지지 않는다고 주장합니다.

물을 아무리 끓여서 증발시켜 없앤다 해도 사실 이 우주 안에서는 물 한 방울도 없어진 것이 아닙니다. 단지 그 모습과 위치만 바꾼 것이지요. 돌도 먼지보다 작은 가루로 부수어 아무리 눈에 보이지 않을 정도로 작게 해도 없어진 것이 아니고, 모양과 위치만 바꾸어 우주 공간에 떠 있다가 언젠가는 또 인연 따라 모이고 또다시 흩어졌다가 모입니다.

하찮은 이런 물질도 없어지지 않는데 어떻게 소소하게 울고 웃고 온갖 것을 판단하는 이 역력한 주인공이 없어질 수 있겠습니까? 없어질 수 없습니다. 마음을 깨치지 못하면 귀신이라도 되어 헤매고, 자기 업에 따라 새나 짐승이 되기도 하고, 지옥 천당의 육도六道에 그저 들락날락하지 없어지지 않아요. 이 생멸의 법칙을 알아야 합니다. 그렇지 않고는 허깨비일 뿐입니다.

그 이치를 바로 깨쳐 살아 가고자 하는 공부가 선禪입니다.

선은 가르쳐 줄 수 없는 것입니다. 자기 스스로 음식을 먹어야 자기가 배부르지, 내가 배부르게 옆에 사람이 대신해서 먹어줄 수 없는 것처럼, 이 공부도 자기가 해서 스스로 이루는 것입니다.

인생도 그렇습니다. 인간은 혼자 오고, 혼자 가지 누구도 동행하지 못합니다. 누가 나의 길을 대행하겠습니까? 아무리 부부간에 가깝고 친하다 하더라도 내가 아플 때, 물론 상대방이 걱정하고 보살펴주긴 해도, 근본적으로 내 고통을 상대방이 대신 받지는 못합니다. 이렇듯 인생은 혼자 가는 것입니다.

혼자 가는 이 길목에서 스스로 꿈을 깨지 않고는 그저 외롭고 고통스럽습니다. 그러나 우리가 바른 이치를 깨쳐 꿈을 깰 때, 시방삼세의 모든 우주가 나요, 내 몸과 둘이 아닌 진리를 발견할 것입니다. 부처가 되었다고 해서 머리가 하나 더 생기고 눈이 하나 더 생기지 않습니다. 우리의 이 얼굴 이 모습을 조금도 고치지 않고 그대로 마음속에서 부처를 이루는 것입니다.

　법당에 노랗게 금칠을 하고 앉아 있는 불상이 부처가 아닙니다. 불상을 모시고 그곳에 절하는 것은 돌아 가신 부모의 사진을 걸어 놓고 돌아 가신 분을 그리워하며 제사를 지내는 것처럼, 위대한 부처님을 그리워하여 상징적으로 모셔 놓은 것입니다. 생각해 봐요. 부처님이 답답하게 그저 법당에 앉아 있겠습니까? 온 법계에 불심이 가득합니다. 부처님이 안 계신 곳이 없습니다. 마음의 눈을 뜨면 전부 부처님의 품안에 살고, 마음의 눈을 감으면 부처님이 눈앞에 서 있어도 보이지 않습니다.

　진리 자체는 성쇠가 없습니다. 사람들이 성한 진리를 받아 들일 행동을 취할 때 불교가 빛나는 것이고, 등질 때는 불교가 받아 들여지지 않아 진리의 혜택을 받지 못할 뿐입니다. 태양이 항상 비추고 있지만 굴속이나 독 안에 들어 가면 태양의 혜택을 받지 못합니다. 어느 시대에는 불교가 성하고, 또 어느 시대에는 불교가 쇠하는 것이 아닙니다. 불교 그 자체는 변함이 없습니다.

노력한 만큼 달라지는 인생

　우리 중생의 번뇌는 창공에 구름이 일듯이 무한히 일어 납니다. 중생의 팔만 사천 번뇌라는 말은 팔만 사천이란 숫자 자체를

의미하는 것이 아니라 끝없이 많고 많은 번뇌가 무한히 일어 난다는 말이지요. 중생들이 팔만 사천 가지 번뇌를 갖고 있으니, 그 번뇌를 모두 없애 버리기 위해서 많은 교설을 한 것이지, 부처님은 한 법도 설하신 것이 없습니다. 부처님께서 깨달으신 법을 '무유정법無有定法' '아뇩다라삼먁삼보리법' 이라 합니다. 부처님 법이란 꼭 '이것이다.'라고 정해진 것은 하나도 없습니다. 그러나 알고 보면 전부 하나로 통합니다. 그러니까 천경만론千經萬論이 모르고 보면 말, 말이 다르지만 알고 보면 다 똑같다는 뜻입니다.

그렇게 온갖 번뇌를 소멸하는 부처님 가르침의 근본은 모든 것은 누가 던져준 것이 아니라 자기가 짓는다는 점입니다. 그러니 자기가 지은 번뇌를 없애려면 자기 스스로 노력해서 없애는 것이지 어느 부처나 어느 신이 없애주는 것이 아니라는 것이지요. 그렇게 해야 평등하지 않겠습니까? 누군가가 배급을 주듯이, 주는 사람이 마음대로 없애주거나 보내준다면 얼마나 불평등하고 살기 어려운 세상이 되겠습니까?

내가 무엇을 한 주먹 쥐고 있다면, 누군가에게 받은 것이 있으니까 한 주먹이 생긴 것입니다. 또 여기에 내가 보태서 누군가에게 주면 저쪽에서도 또다시 나에게 무엇인가 보태줍니다. 산다는 것이 다 이런 반응작용으로 서로 의지하는 것이지, 어느 신이 만들어주는 것이 아닙니다. 이것이 상의상존相依相存하는 인연법因緣法이고 또 윤회법輪廻法입니다. 어느 신이 '너는 미우니까 지옥 가거라.' 해서 지옥 가고, '너는 예쁘니 천당으로 가거라.' 해서 천당으로 보내주고 하는 것이 아닙니다.

저도 출가하기 전에는 머리도 기르고 구두도 신고 다녔습니다. 그런데 중이 되어 얼마 동안 수행을 하니까 꿈을 꾸어도 머리 깎은 중의 모습이지, 머리 기르고 구두 신은 모습은 꿈에도 보이지 않더군요. 그러니까 어느 창조주나 조물주가 나를 그렇게 변하게 한 것이 아니라, 몇 해 동안에 나 스스로 그렇게 변해 간 것입니다.

술을 좋아하여 술 마시는 것이 습관이 되면 어떤가요? 그런 사람은 돈이 없으면 논밭을 팔아서라도 술을 사 마시겠지만, 본시 술을 좋아하지 않으면 술이 한강으로 흘러 가도 그까짓 것은 본체만체합니다. 그 사람에게는 술의 세계가 없는 것이지요. 자기가 술의 세계를 지어서 술의 세계가 존재하는 것입니다. 전부 자업자득이고, 이것이 윤회법이고 인과법입니다.

콩을 심어야 콩이 나지 팥을 심었는데 콩나는 법은 없어요. 권력 있는 사람이 심으나, 다리 밑의 거지가 심으나, 남자가 심으나, 여자가 심으나, 잘난 이나, 못난 이나, 누가 심든지 콩을 심으면 그 자리에 콩이 납니다.

선은 가르쳐 줄 수 없는 것입니다.
자기 스스로 음식을 먹어야 자기가 배부르지,
내가 배부르게 옆에 사람이 대신해서
먹어줄 수 없는 것처럼,
이 공부도 자기가 해서 스스로 이루는 것입니다.

常樂我淨 (상락아정)

회 호 로 보 는 무 수 한 물 음

이 이치는 아무리 속이려 해도 속일 수 없는 것입니다. 그런데도 중생들은 모두 서로 속이며 살아 갑니다. 내가 불행해지면 부모를 원망하고 국가를 원망하고 친구를 원망합니다. 자신이 책임지려 하지 않고 남을 원망합니다.

내가 불행한 것은 내 스스로 만든 것이기 때문에 반성하고 정진하고 노력해서 그 원인을 개선해야 하는데 남을 원망하게 되니까 점점 더 불행으로 빠질 수밖에 없습니다.

불교를 모르기 때문에 세상이 어두워집니다. 불교를 알면 길가에 수많은 재물이 흩어져 있어도 줍는 것을 좋아하지 않습니다. 내가 노력해서 얻어진 것이 아닐진대 그 재물이 어떻게 나에게 이익이 될 수 있겠습니까? 절대 보탬이 되지 않습니다. 내가 노력한 만큼 수용하는 것이 불법이요, 인과법입니다.

자각이 중요하다

불교를 공부하는 이는 전부 자기가 책임질 줄 알아야 합니다. 자기가 우주의 창조주요, 지옥과 천당도 자기가 건설하였으니까요. 모든 것을 자기가 책임질 줄 아는 인생관을 얻을 때, 일거수일투족 세월을 허송할 수 없음을 분명히 알게 됩니다.

이러한 불법을 모르면 무슨 요행수나 기적을 찾고, 남의 물건에 욕심을 내는 세상이 됩니다.

불교가 발전하면 나라가 성하고 모든 인류가 행복하게 살 수 있다는 이치가 바로 이런 자각입니다. 불교는 철두철미하게 자각을 중시합니다. 절대적인 진리에 눈을 떠야 한다는 것이 불교입니다. 이러한 사상이 인류에게 모두 확대되고 알려질 때, 모든 인류가 행복하게 잘 살게 되는 것이지, 무슨 물질을 많이 쌓아 놓는다고 잘 살아지는 것이 아닙니다.

이러한 도는 물론 하루아침에 이루어지는 것이 아닙니다. 아무리 좋은 얘기를 듣고 경전을 읽는다고 하더라도 다생에 걸쳐 일으킨 업이 있기 때문에 실수가 있습니다. 그런 지난 시간의 허물을 되돌아 정리하고 불법의 그 분명한 이치에 따르는 본래 부처를 찾아 가는 과정이 바로 참선입니다.

꿈 깨는 도리

불교는 꿈 깨는 가르침

우리 중생들의 마음은 우리가 상상할 수 없을 정도로 미세하게 흐르고 있습니다. 그래서 일념 동안에 구백생멸 한다고 합니다. 사실 말로는 제대로 설명할 수 없을 정도로 복잡하게 흐르고 있는 것이 중생의 마음이지요.

이렇게 강가에 물 흐르듯이 정처 없이 자꾸 흘러 가는 그 마음이 모든 희로애락, 길흉화복을 낳는 것이요, 삼계육도의 중생계를 이룩하는 것입니다. 그 모든 생각을 완전히 쉬어 버리면 그 자리에 공공적적하고 불생불멸한 본래 마음 자리가 빛나고 있습니다.

과거심도 없고〔過去心 不可得〕, 현재심도 없고〔現在心 不可得〕, 미래심도 없다는데〔未來心 不可得〕 우리 사바 세계 중생들은 그 없는 과거, 현재, 미래를 통해서 무한히 죄를 짓고, 벌을 받고, 상념을 일으키고, 희로애락을 느끼고 있습니다. 그것은 마치 우리가 꿈을 꾸는데 좋은 꿈, 괴로운 꿈 등 온갖 꿈을 밤새도록 꾸면서 하룻밤에 몇 해의 이야기를 꾸기도 하고, 단 몇 시간의 단잠에 몇 생을 거듭나는 삶을 꿈꾸기도 하는 것과 같습니다. 그것이 모두 깨고 보면 한바탕 꿈인 것을 분명히 알 수 있습니다.

그러나 우리가 꿈에서 깨고 보니까, 나쁘고 좋은 온갖 경계가 다 한바탕 꿈인 줄 알았지, 꿈을 깨기 전까지는 그 경계에 사로잡혀서 꿈의 구속을 받고 있었거든요. 그래서 좋은 경계에는 웃고, 언짢은 경계에는 괴로워하고 헤매고 당황해 합니다.

이렇게 꿈이라는 것이 허무한 것이지만 그 꿈을 꾸었던 주인공은 허무한 것이 아니라 분명 있습니다. 그러니까 짧은 꿈, 긴 꿈, 좋은 꿈, 언짢은 그 꿈들의 주인공인 '나'라는 것은 영원히 처리할 수 없는 것입니다.

불교는 바로 꿈 깨는 가르침입니다. 꿈을 깨고 본시 여여부동如如不動한 시간과 공간에 상관없이 항존하는 자기 인생을 꿰뚫어 보라는 것이 부처님의 근본 가르침입니다.

부처님은 보리수 아래에서 장야長夜의 꿈을 깼습니다. 그렇게 꿈을 깨는 도리를 기록한 것이 팔만 사천 법문이요, 꿈을 깨는 방법이 계戒정定혜慧 삼학三學입니다.

상념이 일어 나는 대로 오욕락五慾樂을 따라 가다 보면 술 취한 사람처럼 그 경계에 취해 자기의 본색, 이성을 잃어 버리고 온갖 경계에 사로잡히고 맙니다. 이런 우리 생활을 절제하여 안정시키는 것이 계행입니다. 또 그렇게 절제하여 살다 보면 안정이 생기고 빛나는 지혜가 나타 납니다. 비유컨대 파도가 일면 그곳에 비친 일체 그림자가 찢어지고, 그 파도가 가라앉으면 모든 만물의 형상이 분명히 나타 나는 것과 같습니다. 그러니까 마음의 파도를 가라앉게 하는 방법이 계행이요, 그런 계행을 지킴으로 해서 안정을 얻고, 영원한 자기의 본래 빛을 보게 됩니다. 참선법은 모든 이론과 상념을 초월하여 있는 그 자기 본래 빛을 밝히는 것입니다.

밤에 꿈을 꾸면서 자면 꿈속에 돌아다니는 내가 보이니까 자기 위치가 거기 있습니다. 또 현재도 눈앞에 보고, 듣고 있으니 자기 위치가 거기 있습니다. 그런데 예를 들어 꿈도 안 꾸고 잠이 깊이 들었을 때는 과연 자기가 어디 있느냐고 하면 여러분은 꽉 막힐 것입니다. 그 막히는 것에서, 우리가 모태에 들었을 때나 어머니 태 안에 들기 이전의 자기로 돌아 갑니다. 꽉 막히면서도 빛나는 자기가 있다는 것을 감지할 수 있거든요.

그래서 이 참선은 배우고, 듣고, 가르쳐주는 법이 아니라 바로 스스로 은산철벽銀山鐵壁이 되어서 어떠한 문제 하나에 집중하는 것입니다. 그렇게 할 수 있어야 깨달아지고 열립니다.

참선하기보다 쉬운 것은 없다

참선하는 방법은 아주 간단하고 쉽습니다. 바닷가에 가서 모래알을 세듯이 평생 복잡스런 경구라든지 학설을 종합해서 헤매고 따지는 것이 아닙니다. 그것은 중생 놀음입니다. 철학이니 과학이니 하는 것처럼 모든 것을 종합, 분석, 풀기만 하는 학설들은 결국 다람쥐 쳇바퀴 돌리듯 상념의 세계를 벗어 나지 못합니다.

앉으나 서나 항상 스스로 안고 자고, 스스로 안고 일어 나는 자기의 부처를 누구나 가지고 있습니다. 그 물건을 바로 응시해서 관찰한다면 어떻게 모르겠습니까? 그래서 참선하기보다 쉬운 것이 없다고 하는 것입니다. 바로 눈앞에 있는 것이 어디 가겠느냐, 잠시도 여의지 않는, 부르면 대답하고 꼬집으면 아픈 줄 아는 소소영영한 그 자리 찾기가 뭐 어렵겠느냐는 말입니다.

그런데 우리는 다생에 익힌 습관에 얽매여 헤어 나지 못하니까 화두법을 받아 들였고 그렇게 해서 생긴 것이 간화선看話禪입니다.

'삼 서근이다.〔麻三斤〕' '뜰 앞의 잣나무다.〔庭前栢樹子〕' '마른 똥막대기다.〔乾屎蹶〕' 하는 1,700공안公案의 뜻이 모두 단도직입적으로 부처의 세계를 일러준 것입니다. 그것은 아무 계제도 없고 차별도 없고 계급도 없습니다. 한마디 일러주면 누구나 통하는 것이니 이보다 간단한 것이 어디 있겠습니까? 그 간단한 것을 모르고 항상 바깥으로 헤매는 것이 우리 중생입니다.

화두법이란 '앉고, 서고, 가고, 오고, 밥도 먹고, 옷도 입고, 울기도 하고, 웃기도 하고, 미워하기도 하고, 사랑하기도 하고, 괴로워하기도 하고, 즐거워하기도 하면서 온갖 분별을 다하는 이것이 무엇인가?' 라는 것이 꽉 막히면서 그 핵심된 주인공이 도대체 무엇인가 하고 의심하는 것입니다.

우리가 귀도 보고, 입도 보고, 코도 다 볼 수 있는데 워낙 가까이 있기 때문에 자기 눈은 안 보입니다. 그렇다고 눈은 안 보이니까 눈이 없다고 한다면 그 사람은 분명 어리석은 사람입니다.

우리 마음도 마찬가지입니다. 가지고 있는 그 자리가 부처인데 그것을 두고 바깥으로 헤매면서 찾으려고 하니 찾을수록 멀어지고 어지럽습니다.

앉으나 서나 항상 스스로 안고 자고,
스스로 안고 일어 나는
자기의 부처를 누구나 가지고 있습니다.
그 물건을 바로 응시해서 관찰한다면 어떻게 모르겠습니까?
그래서 참선하기보다 쉬운 것이 없다고 하는 것입니다.

흔들림 없는 인생을 살아 가는 힘

사람 사는 것이 복잡하기가 말할 수 없이 착잡하고 어지럽지만 그 한 주인공은 절대 어지럽지 않고 항상 한가합니다. 그렇게 참된 자기 모습이란 발견하고 보면 어떠한 것에도 피해를 입지 않는 존재인데, 미혹한 중생은 스스로 그렇게 고통을 일으키고 고통 속에 살아 갑니다. 일체 경계에 흔들리지 않는 자기를 발견해서 사는 게 해탈의 세계입니다. 참선을 하면 모든 경계에 흔들림이 없는 자기 인생을 살아 갈 수 있는 힘이 생깁니다.

우리 마음은 빛깔도 없고 냄새도 없고 모양도 없이 일체가 끊어진 자리입니다. 그 자리는 누가 해칠 수도 없고 파괴할 수 없을 뿐 아니라 취할 수도, 버릴 수도 없습니다. 마치 허공과 같습니다. 허공은 끝도 모양도 한계도 없고 아무리 칼로 베어도 상처를 입지 않고, 아무리 불로 태우려 해도 불에 그슬려지지 않고, 한계가 없으니 그릇에 담겨질 수도 없습니다.

그런 본래 마음을 크게 쓰면 무한히 크게 쓰입니다. 한 생각 넓게 쓰면, 나와는 집안 대대로 내려 오는 철천지원수요, 아무리 원한이 가슴에 사무친 상대일지라도 용서하고 포용할 수 있습니다. 반면, 한 생각 옹졸하게 쓰면 아무리 친한 사이라도 조금 귀에 거슬리는 소리에 서로 칼부림이 일어 나고, 친한 친구간에도 원수를 맺고, 내외간에도 이혼을 하여 체계가 모두 무너져 버립니다. 그러나 본 마음 자리는 옹졸한 게 없습니다. 다만 스스로 옹졸하고 좁은 소견을 쓰기 때문에 백 년 인생을 여러 가지 불안에 떨며 살아 갑니다. 마치 물이라는 것이 있기 때문에 파도가 일어나는 것처럼, 마음이 있기 때문에 온갖 기멸심이 일어 나는 것입니다. 선禪이란 바로 희로애락의 파도가 치지 않고 고요하고 평정하게 안정된 마음 즉, 마음의 기멸 없는 터를 닦는 것입니다.

우리가 무명에 가려 스스로 깨닫지 못하고 착각 속에 살고 있기 때문에 본래 청정한 우리 마음에 천하대지가 벌어지고, 중생세계, 지옥, 아귀, 수라 등 육도만해가 벌어지는 것이지, 본시 기멸 없는 마음 자리는 빼앗길 수 없는 자리요, 때묻지 않는 청정한 자리입니다. 그 마음 자리란 분명히 있어서, 언제 어디서든 누구나 열심히 참구한다면 만법을 포용하는 자기 생명을 회복할 수 있습니다.

휘흠로 보는 은수님의 말씀 虛徹靈通(허철영통)

생사를 뛰어넘어

흩어진 마음을 하나로 집중시키는 화두

우리가 영원히 삼계에 윤회하는 이 꿈을 깨려는 것이, 알고 보면 사실 그 이치가 간단하고 쉽습니다. 그렇다고 그것이 그냥 기다린다고 되는 것은 절대 아닙니다. 집중력을 가지고 애를 써야 합니다. 집중력을 갖고 몰두해서 노력하면 무슨 일이든 성취할 수 있습니다. 공부는 이렇게 집중력을 가지고 해야지 평범하면 안됩니다.

햇볕이 좋은 날, 거울로 빛을 모아 종이에 초점을 맞추면 불이 일어 나지요? 그냥 있을 때는 햇볕이 아무리 뜨거워도 불이 안 납니다. 우리의 생각도 탐진치 삼독심에 끄달린 온갖 희로애락들로 흩어져 있습니다. 그 흩어진 마음을 한 가지로 집중시키는 것이 화두입니다. 집중시키면 마음이 열립니다. 마치 뭉뚝한 방망이로는 아무리 비벼도 구멍이 안 나지만, 뾰족한 송곳을 가지고 자꾸 비비면 구멍이 나듯, 참선한다는 것은 바로 집중력을 모으는 방법입니다. 일체 산란심을 다 버리고 한 가지에 몰두해 들어갈 때 뚫어지지 않을 수 없습니다.

집중하는 방법에는 참선 이외에도 염불이나 주력, 그리고 절, 기도 등이 있습니다. 기도할 때에도 처음에는 산란심이 있지만 기도를 열심히 하면 산란심이 사라져 버리고 한 가지로 집중해 생각이 묶입니다. 그렇게 집중력이 생기는 것이 도통하는 길이지요.

어떤 것을 택하든 집중하면 그렇게 통하는 길이 열립니다. 그 대표적인 것이 참선법이지요. 죽비 치고 앉는 그 자리에서 화두 하나를 들고 집중력에 들어 가니 참선이야말로 가장 쉬운 길 아닙니까? 물론 인연 있는 사람은 언하言下에 깨치고 하루, 이틀, 사흘 만에도 깨치지만, 인연 없는 사람은 몇 해 걸리기도 하고 평생을 해도 못 깨칠 수도 있습니다. 그러나 아무리 못 해도 현재 이하로 떨어지지는 않습니다. 화두하다 죽어도 절대로 나쁜 곳으로는 안 떨어집니다.

비록 화두를 다 꿰뚫어 깨치지는 못한다 해도 내 인생 문제를 해결하는 가장 좋은 방법이 되는 것이 참선입니다.

기멸심이 끊어지고 생사를 넘어

나옹 스님은 생각을 한번 일으키고 한번 없애는 그것이 '생사기멸生死起滅'이라고 했습니다. 우리가 나고 죽는 법이 다 생각이 일어나고 사라지는 것에 달린 것이지요.

가령 누군가 내게 총을 들이대며 죽이겠다고 할 때, 참선하는 사람은 생각이 부동해서 눈썹 하나 까딱 않지만, 참선을 안 한 사람은 자기가 죽는다는 공포심 때문에 손 끝 하나 건드리지 않아도 까무러치고 또 죽기도 합니다. 총을 겨누기만 해도 그렇게 죽었다면 그것은 총이 죽인 것이 아니라 자신의 생각이 움직여서 스스로 죽은 거지요. 이런 이치를 더욱 세밀하게 현미경적으로 표현한 것이 '일찰나一刹那에 구백생멸九百生滅'이라는 말입니다. 찰나는 일 분을 몇 백 번 쪼개는, 시간의 가장 짧은 단위로, 그런 짧은 시간 동안에 구백 번이나 나고 죽는다고 하니 생각해 보세요. 생각이 흐르는 것이 모두 나고 죽는 것인데 정신차리고 힘을 다해서 화두를 잡아야 하지 않겠어요?

'이 뭣고' 라든지 '뜰 앞의 잣나무' 라는 등 1,700공안의 화두에 똘똘 뭉치면 기멸심이 끊어지고, 기멸심이 끊어지면 생사가 끊어진 것입니다. 기멸심이 끊어지면 고요해집니다. 쉽게 설명하면 우리가 이 생각, 저 생각에 끄달리다가 때로는 신경쇠약에 걸리고 노이로제가 되는데 그 복잡한 생각을 소멸시켜 버리면 시원해지는 것과 같습니다. 참선을 하면 안정제로도 안 나았던 번잡했던 머릿속이 맑아지거든요. 그래서 서양 사람 중에는 도를 깨치려는 목적은 아니지만, 현실적인 건강법으로 참선을 하는 사람도 있는데 그것이 모두 백 년 살 것에만 치중하는 것이니 문제지요.

참선을 하면 기멸심이 끊어지고 생사를 벗어나 절대 안 죽는다고 합니다. 그래서 도인들은 목을 잘라도 봄바람 베는 것 같아 해칠 수 없다고 했습니다. 봄바람이 칼로 벤다고 베어집니까? 서산 스님, 사명 스님이 적진에 들어 가서도 죽음을 두려워하지 않고 큰소리를 친 것이 다 이 기멸심 없는 도리, 생사를 뛰어넘는 도리를 알았기 때문이지요.

그런데 때로는 화두를 하다 보면 깜빡 정신을 놓치기 쉽습니다. 조용하고 편안해서 좋으니까 생각이 없어져서 놓치게 되는 것이지요. 이것을 무기공無記空이라고 하는데 맥없는 생각이지요. 맥없는 생각으로는 뚫는 기운이 없습니다. 뾰족한 송곳으로 계속 뚫어야 하는데 뚫지 않고 가만히 있으니 안 뚫어지는 것과 같은 이치입니다. 그러니까 안정되고 고요할 때 그저 그에 젖어 있지 말고 화두를 맹렬히 들어야 됩니다. 그러면 흐리멍덩하지 않고 정신이 바짝 들면서 신령스런 기운이 들게 됩니다.

경계를 구부리느냐, 경계에 구부림을 당하느냐

혜능 스님은 "보리란 본시 나무가 아니다.〔菩提本無樹〕 명경대 역시 대가 아니다.〔明鏡亦非臺〕 본래 한 물건도 없는데〔本來無一物〕 때가 낄 곳이 어디 있는가.〔何處惹塵埃〕"라고 했습니다. 본래 때 낄 곳이 없는데 자기 스스로 착각해서 스스로 더러움 속으로 기어들어 가는 것이 우리 중생의 삶입니다. 모든 중생이 본래 다 부처인데 거기에 무슨 잠꼬대 같은 생사가 있고 그것에 걸림이 있겠습니까?

예를 들어 여의주를 봅시다. 여의주라는 것은 아주 맑고 깨끗한데 이것을 검은 데 갖다 놓으면 검어지고, 빨간 데 갖다 놓으면 빨개지고, 누런 데 갖다 놓으면 누래집니다. 어리석은 사람은 빨개졌다고 닦아 내고, 누렇게 되었다고 닦아 내지만, 천 년을 닦아도 닦아지지 않습니다. 조금 영리한 사람은 그것을 들어 내어 빨간 것을 흰 곳에 옮겨 놓는데, 결국은 그것도 미련한 짓이지요. 검은 그대로, 빨간 그대로, 누런 그대로 청정하게 보아야 합니다. 그래서 우리가 한 생각 깨치면 이 중생 속에 제불보살이 다 있는 것입니다.

제불보살은 공부를 했다고 머리가 하나 더 생기고 눈이 하나 더 붙고 그런 게 아닙니다. 제불보살이 중생과 똑같은 허울을 쓰고 중생을 위해서 교화하고 있는 곳이 이 삼계육도입니다. 그래서 불교야말로 누가 들어도 듣기만 하면 천 년 묵은 체증이 뚫어지듯 시원한 것입니다.

마음을 깨치면 이 세상을 조금도 여의지 않고 탐진치 속에서 그대로 빛이 나는 법이 불교입니다. 물거품이 바로 물이지, 물거품을 빼놓고 물 찾으면 천 년을 찾아도 못 찾아요. 탐진치를 여의고 도를 찾는다는 것은 연목구어緣木求魚라 엉뚱한 데서 도를 구하려는 것이니, 끝내 구할 수 없습니다. 다만 탐진치 삼독심이 일어 나는 그 경계에 살되, 그 경계를 구부리느냐, 그러한 경계에 내가 구부림을 당하느냐 하는 게 문제입니다. 내가 세상을 구부리고 사는 것이 깨달은 사람의 세계이고, 세상에 의해 내가 구부리고 사는 것이 중생 세계입니다.

사바 세계를 극락 세계로

일체유심조一切唯心造라, 욕계, 색계, 무색계가 전부 인간의 마음에서 일어 나고 일만 법이 전부 마음에 있습니다. 과거, 현재, 미래의 삼세불, 일체불이 전부 마음으로 건설하는 것입니다. 천당도 마음으로 건설하고 지옥도 마음으로 건설하고 축생이나 삼계육도 모두가 마음에서 일어 나는 것이지, 마음을 빼놓고 따로 산다는 것은 있을 수 없습니다.

이 마음 농사를 잘 지어서 참다운 인생을 영원히 빛나게 살 수 있는 그러한 작업을 하는 것이 우리의 중대한 과제입니다. 그리고 그 길은 우리 현실의 생활 속에서 찾아야 합니다. 깊은 산중의 절에 가야 있는 것이 아닙니다. 산중에 있는 절을 찾는 것은 단지 수도의 방편일 뿐입니다.

음지 속에서 진보살眞菩薩이 나와 부처님의 교법을 펴서 그 음지도 다 똑같이 진실한 화장 세계로 만들고, 이 사바 세계를 그대로 극락 세계로 만드는 노력을 하는 것이 불교의 역할입니다. 불자라면 이러한 부처님의 참뜻을 알아서 우리 민족과 국가 사회에 기여할 수 있는 정신의 각성이 있어야 할 것입니다.

이 나라 국민이 참다운 부처님의 교법을 알고, 위정자나 모든 학자, 모든 청년이나 모든 우리나라 국민들이 부처님의 학설을 바로 알고 눈뜰 때, 이 나라는 발전하게 됩니다. 그러니 무엇보다도 불교를 올바르게 알리는 운동을 전개해야 합니다. 그러기 위해서는 여기 있는 사부대중이 다 포교사가 되어야 합니다.

우리가 자손들에게 돈을 넘겨주고, 책을 넘겨주고, 이론을 넘

흩어진 마음을 한 가지로 집중시키는 것이 화두입니다.
집중시키면 마음이 열립니다.
마치 뭉뚝한 방망이로는 아무리 비벼도 구멍이 안 나지만,
뾰족한 송곳을 가지고 자꾸 비비면 구멍이 나듯,
참선한다는 것은 바로 집중력을 모으는 방법입니다.

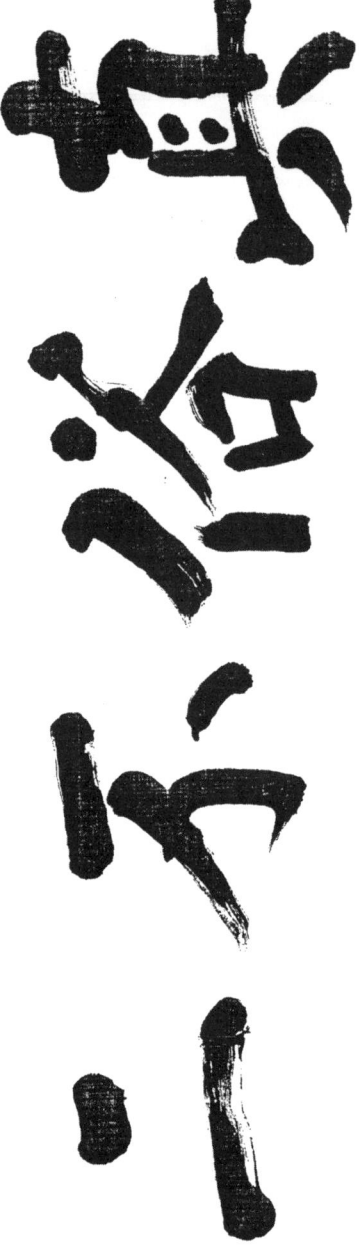

휘호로 보는 붓글씨 말씀 眞俗不二 (진속불이)

겨준다고 자손들이 잘 사는 것이 아닙니다. 누구도 빼앗아 갈 수 없는 확고한 정신 문화가 우리 국민에게 심어질 때, 세계만방에 소리칠 수 있는 위대한 국가가 되고 세계 인류를 구제할 수 있는 성인이 나올 수 있는 것입니다.

오늘 여기 모인 여러분 한 사람, 한 사람은 모두 금싸라기 같은 사람입니다. 썩어 가는 우리 정신 세계에 한번 불을 붙이려고 하는 그런 자리에 이렇게 모인 것이 참으로 뜻깊은 일이 아닐 수 없습니다. 숫자는 적으나마 이렇게 대중이 모이니, 여러분이 모두 부처님의 사명을 걸머지고 나온 사도들이라고 여겨집니다. 여러분 모두 진정한 포교사가 되어 부처님 불을 자꾸 주위로 붙여서 어두운 데서 헤매는 자의 등불이 되시기를 바랍니다. 그것이 불법이고, 그것이 참된 수행의 올바른 목표입니다.

새 인생이 열리는 마음 공부

지은 대로 드러나는 마음 작용

우리 인생이란 것이 백 년 인생 하나로 그치는 것이 아닙니다. 무시 이래로 영원히 흘러 가는 생명체의 인생입니다. 그렇게 흘러가는 이 세상 모든 생명체가 병이 나고 잘 살고 못 사는 것은 전부 이 마음에 달린 것입니다.

예를 들어 모진 병이 들어 아무리 좋은 약을 먹는다 해도 환자의 마음에 그 약을 먹고 낫지 않을 것이라는 의심이 가득하면 약효가 잘 안 납니다. 그런가 하면 약으로 치료가 어렵다는 병도 한번 마음을 가다듬어 한 생각으로 낫는 이치도 있습니다. 지옥 중생은 '일일일야一日一夜에 만사만생萬死萬生한다'라고 합니다.

그러면 만 번 죽고 만 번 사는데 무슨 약이 필요하겠는가 말입니다. 다 제가 지은 업력으로 일일일야에 만사만생인 것이지요. 그러므로 그 업력에 끄달리는 마음만 바로잡으면 병이 낫습니다. 이것이 바로 신비하고 오묘한 생명의 실상입니다.

우리의 마음이란 사실 모든 것에 작용되는 힘을 갖고 있습니다. 화가 났을 때를 한번 생각해 보세요. 내가 아무리 둔한 사람일지라도 성을 낸 얼굴을 좋아하는 사람은 없을 것입니다. 성내는 얼굴을 보면 대번 압니다. 무엇이 화를 낸 것입니까? 빛도 모양도 냄새도 없는, 바로 이 마음에서 성이 난 것입니다. 성을 내면 얼굴이 붉으락푸르락하고 입술이 벌벌 떨리게 되는 것이 다 생각이 움직여서 그렇습니다. 한 생각이 움직여서 이 몸에 그만한 파도를 일으켰다는 것이 증명되지요. 가령 놀랐다고 합시다. 놀라면 눈이 동그래지고 눈썹이 뻣뻣해집니다. 놀라면 왜 이런 현상이 일어 나는가? 이것이 얼마나 신기합니까? 또 우리가 기쁜 생각을 하고 있어도 금방 표가 나고 상대방이 먼저 알아채고는 "저 사람, 무슨 좋은 일이 있는가 봐, 얼굴에 씌어 있는데."라고 말합니다. 또는 무슨 걱정이 있어 우수가 서려 있으면, "자네, 요새 근심이 있는 모양이지?" 하면서 모두 알아차립니다. 모두 마음을 따라 일어 나기 때문입니다.

우리는 그렇게 모두 몸에 도장塗裝을 치고 삽니다. 과거다생에 걸쳐 착한 마음을 쓴 사람이라면 그 얼굴에 후덕함이 보입니다. 그래서 초면에도 인상이 좋음을 대번 느낄 수 있지요. 반면에 악한 마음을 많이 쓴 사람은 독해 보이고 마주 대하기조차 싫어집니다. 전생에 닦은 것이 몸에 도장을 쳐서 현재의 그 모습에 나타 나기 때문입니다. 이런 것을 보더라도 우리의 위대한 마음 작용이 얼마나 큰가 증명이 안 됩니까?

중병에 걸려서 기도하는 도중에 관세음 보살이 나타나 아픈 곳을 만지니 병이 다 나았다고 하는 사람들의 경우도 그 관세음 보살이 갑자기 하늘에서 내려 온 것이 아닙니다. 자기 속의 관세음 보살이 싹을 트고 나와 내 병을 고친 것이지, 어디 다른 바깥에서 온 것이 아닙니다. 이처럼 우리 이 마음속에 시방 세계가 함축되어 있습니다.

흔히 명산대천을 찾아 가서 기도를 해야 도를 깨친다고 생각하는데 아주 모자라는 생각입니다. 태양 빛이 어디나 고루 비치듯 불심이 충만한 곳은 다 수행 도량이 됩니다. 부처님이 안 계신 곳이 어디 있는지 생각해 보세요. 부처님이 어디 특별한 성지에만 있다면 그 부처님을 어디다 쓰겠어요. 아무리 성지에 가 있더라도 마음이 그곳에 없이 떠다니면 그곳은 시장 바닥이요, 시장 바닥에서도 마음을 가다듬으면 그곳이 바로 청정한 도량이 되고 성지가 되는 겁니다. 이러한 위대한 마음을 우리가 개척해서 쓰지 않고 사장시켜 버리고 있으니 안타깝습니다. 세상만법이 전부 마음속에서 일어 난다는 원리를 알면 우리는 세상 천하의 갑부가 되는 것입니다.

참선 수행의 목표는 이 마음 하나를 잘 받아쓰자는 것입니다. 우리 삶이 그 마음을 잘 받아쓰지를 못해 늘 불안하고 불쾌합니다. 마음 농사를 바르게 지으면, 설사 남이 세 끼 따뜻한 밥을 먹을 때 하루 한 끼 죽을 먹더라도 가족끼리 서로 웃고 원만하게 화합하여 사는 진리가 그 삶에서 나옵니다.

또 그렇게 마음을 쓰는 사람한테 먹을 밥이 들어 가지 않을 턱이 없지요. 우리 입이 모자라지 절대 먹을 것이 모자라지 않습니다. 또, 이 몸이 모자라지 걸칠 것이 모자라지 않습니다. 이 마음이 그렇게 위대한 것입니다.

행복은 마음속에서

김용사라는 절에 살던 어느 봉사 부부의 이야기를 들려 드리겠습니다. 속사정을 이야기하면 비가 오는 날, 남자 봉사가 비를 피하여 들어 간 곳에 마침 여자 봉사도 들어 오게 되어 그 인연으로 부부가 되었고 아들을 낳았는데 다행히 이 아들은 부모의 눈동자까지 다 차고 나와 정상인이었어요. 그래서 이들 가족이 거리를 다닐 때에는 아버지 어깨에 아이를 얹고, 어머니는 아버지가 들은 지팡이를 잡고 뒤에서 쫓아 갔어요. 아들은 위에서 "여기는 도랑이에요.", "여기로 가세요.", "저기로 가세요." 하며 부모의 눈이 되어 길을 갔어요.

그런데 한 일본 사람이 밥을 얻으러 온 이들 봉사 가족을 보고서 아들 욕심을 냈습니다. 그래서 아들을 주면 두 내외가 편안히 먹을 수 있는 충분한 재산을 주겠다고 제의를 했습니다. 그러나 두 내외는 모두 고개를 내저으며 안 된다고 했지요. 호의호식하며 잘 사는 것만이 복이 아니며, 비록 문전걸식을 한다 해도 서로 돕고 화목하게 살며 이 아이 하나 키우는 데에 행복이 있음을 알았기 때문이지요.

외부 조건이 좋다고 해서 그 사람이 행복하게 산다고 할 수 없습니다. 행복을 껍데기로 계산하려 한다면 어리석은 일입니다. 아무리 신체가 불완전하고 가난해도 행복하게 사는 사람이 있고, 껍데기는 화려하고 행복하게 사는 것 같아도 불행하게 사는 사람이 있습니다. 행복은 자기 마음속에서 현존하는 것이지요. 그런데서 마음의 위대성을 찾을 수 있지 않겠어요?

한 생각 돌리면 새 인생

한 생각 돌리면 우리 인생이 180도 바뀌는 혁명이 일어납니다. 불교는 이 마음에 혁명을 일으켜서 내 인생을 멋지게 살려는 철학입니다.

참선과 염불과 기도 등 여러 가지가 다 그 길로 들어 가는 방법입니다. '이 뭣고?' 하는 그 자리에는 어떠한 생각도 침투해 오지 못합니다. 어떻게 똑같은 위치에 똑같은 물건을 놓을 수 있겠습니까? 어느 하나를 밀어 내든가 포개어지지 않는 이상, 같은 위치에 같은 물건이 놓일 수 있겠느냐는 말입니다. 번뇌망상이 점령한 그 자리에는 공부의 힘이 들어 가지 못하고, 공부를 하고 있는 자리에는 번뇌망상이 침범하지 못합니다. 공부를 안 하면 마구니가 점령하고 공부를 하면 마구니가 달아나 버립니다. 그러니까 한 생각 돌이킨 데서 내 인생이 근본적으로 달라진다는 것이 분명한 이론이 아니겠어요?

『금강경』 서두에 보면 부처님께서 발우를 들고 밥을 빌으시고 공양을 마친 후 의발을 거두시고 발을 씻으시는 일상 생활의 모습이 나옵니다. 그리고 수보리가 그 깊은 뜻을 알고 부처님을 찬탄하는 것이 나오지요. 뭘 특별히 가르친 것은 없어요. 우리의 온갖 생활을 이끄는 이 마음이 바로 팔만대장경입니다. 팔만대장

번뇌망상이 점령한 그 자리에는 공부의 힘이 들어 가지 못하고,
공부를 하고 있는 자리에는 번뇌망상이 침범하지 못합니다.
공부를 안 하면 마구니가 점령하고
공부를 하면 마구니가 달아나 버립니다.

一月普現一切水

無為精舍
西庵

휘호로 보는 큰스님 말씀   一月普現一切水 (일월보현일체수)

경이 밖에 있는 것이 아닙니다. 그러니 우리들은 항상 이 마음을 놓치지 않는 공부를 해야 합니다.

그 공부를 놓치면 그 사람은 이미 생명이 끊어진 것과 다름이 없습니다. 왜 끊어지느냐? 지옥에 갈지 극락에 갈지 전혀 모르거든요. 공부를 하고 있으면 그 사람의 생명은 끊어진 것이 아닙니다. 죽어도 그 정신 갖고 가게 되니 끊임이 없습니다.

처음에는 공부가 잘 되지 않고 끊기지만 계속 노력을 하면 안 되려야 안 될 수 없이 공부가 저절로 이어져 나갑니다. 우리가 자꾸 노력하여 이러한 법이 천하에 퍼진다면 오만 가지 근심걱정이 하나 없게 되어 그야말로 정토가 이룩됨을 알고 모두 일념정진하시길 바랍니다.

생활선의 세계 · I

인천 청련선원에서 일반 대중에게

칭찬에도 비난에도 흔들리지 말고

탐심에 죽고, 진심에 죽고

 탐심, 진심, 치심의 세 가지 독약에 의해 죽어 가는 것이 중생의 모습입니다. 우리를 죽게 하는 그 삼독 중의 하나로 성내는 마음을 살펴 봅시다.

 우리는 성을 안 내고 산다는 것 하나만으로도 신앙이 될 수 있습니다. 누구든지 성 안 내고 살면 좋다는 것은 상식으로 알고 있습니다. 어쩌다 성내는 자신의 얼굴을 거울에 비춰 보게 되면 자신도 그 모습이 아주 보기 싫지요. 아마도 여간 괴팍한 성질이 아니라면 성낸 얼굴을 좋아할 사람은 없을 것입니다.

 진심에 죽는다는 것은 사람뿐 아니라 짐승의 경우도 뚜렷이 보입니다. 예를 들어 닭을 보세요. 그 닭이 아무리 싸움닭이라도 처음에 그냥 붙여 놓을 때는 싸우지 않습니다. 그런데 곁에서 자꾸 성을 돋우면 이놈이 어리석어서 정작 화를 돋우며 뒤에서 조정하는 사람은 못 보고 눈앞에 있는 닭과 맞붙어 벼슬에서 피가 나도록 싸웁니다. 또 일단 그렇게 싸울 때는 아무리 힘으로 떼어 놓으려 해도 계속 싸우기 때문에 결국 둘 다 모두 크게 다치거나 죽게 되지요. 그야말로 진심이라는 독약으로 죽는 것입니다.

밤이나 도토리를 먹고 사는 다람쥐의 경우도 보세요. 자기들의 먹이인 밤이나 도토리 같은 것을 발견했을 때 누군가 그것을 치워 안 보이게 하면 다람쥐는 그만 화가 머리끝까지 치밀어 그 자리에서 파르르 떨다가 죽어 버립니다. 탐심에 의해 진심이 커져서 그런 것이지요. 사실 며칠 굶는다고 죽지는 않을텐데 그래요. 또 찾아서 먹으면 될텐데 탐심과 진심 때문에 그런 생각을 못하고 어리석게 죽어 가거든요.

다람쥐만 그런 것이 아닙니다. 일제 때 일본군 부대에서 일을 하던 사람이 있었거든요. 그런데 그 사람이 관목을 한 트럭 싣고 부대로 가던 도중에 일본이 항복하여 광복이 되었다는 소식을 듣게 되었지요. 그러자 그 사람은 관목을 실은 채, 곧장 자기 집으로 트럭을 끌고 갔습니다. 그렇게 차가 하나 생겼는데 마침 차를 살 사람이 있어 잘 되었다고 생각하여 팔아 현금으로 바꾸었어요. 공으로 생긴 차로 돈을 번 셈이었지요. 그런데 문제는 차를 판 지 얼마 안되어 차 값이 몇 배씩이나 올랐다는 것입니다. 억울해 하던 그 사람이 그만 화병이 나서 죽었다는 웃지 못할 일이 있었지요.

이런 일들이 모두 탐심에 죽고, 진심에 죽고, 치심에 죽는 것입니다. 탐심이 크면 진심도 크고 진심이 크면 치심도 커 허망하게 자신을 죽음으로 몰고 가게 됩니다. 그래서 이것을 삼독이라고 합니다. 가만히 살펴 보면 굵고 가늘고, 크고 작은 차이는 있을지언정 탐진치 삼독이 우리 생활에 얼마나 많은 화와 해를 불러일으키는지 누구나 알 수 있습니다.

탐진치 삼독은 연쇄적으로 얽혀 해독을 낳는데, 우리가 만일 그 중 한 가지 진심만 일으키지 않고 살아도 수행은 절로 된다고 하겠습니다. 그럴 수만 있다면 건강에도 좋고요. 성을 많이 내는 사람 치고 건강한 사람은 없습니다. 성을 안 내는 사람은 항상 봄바람같이 편안하고 화평하여 잘 못 먹어도 오래 삽니다.

칭찬에도 비난에도 흔들리지 말고

참선을 오랫동안 잘 했던 백운 스님은 전혀 화를 내지 않았습니다. 어느 정도였는지 한 가지 사례를 이야기할게요.

스님은 이름 있는 선지식이라 법회 때면 수백 명의 신도들이 모이곤 했습니다. 그런데 하루는 신도 중에도 믿음이 크다는 한 사람이 성난 얼굴로 갓난아이를 안고 와서는 스님께 욕설을 하면서 그 아이를 키우라며 집어던지고 갔어요. 신도들은 그동안 계율을 잘 지키는 분이라고 스님을 존경하고 있었는데 그 광경을 보고 참 기가 막혀 했지요. 신도들이 실망하고 의아해 하는데도 스님은 아무 변명도 없었고 표정도 담담하셨어요. 그러자 대부분의 신도들은 신심이 싹 가셔서 침을 뱉고 돌아서 버리고 스님을 철저히 믿고 따르던 몇몇 신도만 남았어요.

그렇게 많은 신도들이 떠나 버린 뒤에도 스님은 얼굴 하나 찡그리지 않고 아기를 받아 안으셨고 배고파 우는 아기의 배를 채워 주고자 손수 아기를 안고 마을을 돌아다니며 젖을 얻어 먹였습니다. 아기 기르는 아주머니들은 스님을 고약하게 여겨 멸시하면서도 아기야 무슨 잘못이 있느냐며 젖을 물려주었지요. 스님께서는 그렇게 멸시 속에 젖동냥을 해서 3년 동안 그 아기를 키웠어요.

그런데 그 아기는 어찌된 아기인가 하면, 바로 그 아기를 맡긴 신도의 딸이 낳은 아이였고, 아이 아버지는 그녀가 좋아하던 마을의 총각이었지요. 옛날에는 처녀가 아기를 낳는 일이 있으면 그 집안의 명예가 더러워진다고 해서 아기를 죽이기도 했거든요.

욕먹고 아기를 맡았을 때나 절 받으며 아기를 돌려줄 때나
스님의 태도는 똑같았답니다.
그것이 참 보통 사람에게는 어려운 일이지요.
그러나 참선을 해서 내 생명을 찾으면 그런 경계가 어렵지 않습니다.
왜냐 하면 모든 사람이 칭찬한다고 해서 내 인생에 더 보탬이 되는 것도 아니고,
천하가 헐뜯는다고 해서 밝은 내 인생이
뿌리 뽑히고 흔들리지 않음을 알기 때문이지요.

四海文瀾

희로로 보는 우리말 불교 同體大悲 (동체대비)

그러니 그 딸의 생각에 부모의 꾸중도 두렵고 아기의 안전도 걱정되어 부모가 가장 신봉하는 스님께 맡기게 되면 우선은 화를 면할 듯해서 그런 얕은 생각을 하게 된 것이었어요.

스님께서 3년을 그렇게 갖은 고생을 다하면서 젖동냥으로 아기를 키우는 동안 그녀가 가만히 생각해 보니 참으로 자신이 몹쓸 짓을 했다 싶거든요. 그리고 아기 아버지도 따로 있고 하니 평생을 그렇게 놓아둘 수도 없었어요. 그래서 3년을 미루다 못해서 부모님께 사실대로 고하게 됩니다.

사실을 알게 된 부모들은 기가 막혔지요. 황급히 스님께 달려가 백배 사죄를 했습니다. 그리고 아기를 찾고자 하니 스님은 두말 않고 아무 일도 없었다는 듯이 아기를 돌려주셨어요. 욕먹고 아기를 맡았을 때나 절 받으며 아기를 돌려줄 때나 그 태도가 똑같았답니다. 그것이 참 보통 사람에게는 어려운 일이지요.

그러나 참선을 해서 내 생명을 찾으면 그런 경계가 어렵지 않습니다. 왜냐 하면 모든 사람이 칭찬한다고 해서 내 인생에 더 보탬이 되는 것도 아니고, 천하가 헐뜯는다고 해서 밝은 내 인생이 뿌리 뽑히고 흔들리지 않음을 알기 때문이지요.

내가 내 일 한 것

　모든 행동은 자기가 하는 것이지 누구도 대신해 줄 수 없는 것입니다. 세상 사람들은 흔히 무슨 일을 했을 때 그 일을 내 일로서가 아니라 남의 일을 해준 듯 생각하곤 합니다. 그래서 항상 이 '남'이라는 것 때문에 괴롭고 고달파하면서 그 수고에 따른 대가를 원하고 그 대가를 받지 못할 때 불만에 차 괴로워하니 결국 복을 얻지 못합니다. 내가 밥을 먹어야 내 배가 부르듯 내가 하는 일이 바로 내 일이요, 나를 위한 일임을 알아야 합니다. 그렇게 되면 설령 누가 칭찬을 안 해도, 누가 대가를 안 줘도 우주천지 인과의 원칙에 따라 대가를 받게 됨을 믿고 즐겁게 살게 되지요.
　남의 일을 하려면 남의 눈치도 보아야 하니 괴롭고 답답하여, 몇 푼의 이익과 칭찬이 있어도 큰 도는 얻지 못합니다. 불교의 원리만 밝혀 알면 자타가 따로 없고, 세상 일에 내 일 아닌 것이 없습니다. 그러니 무슨 일을 하든 내가 내 일 하는 것이 됩니다.

어디에도 걸림 없네

중생이라 모자라지 않고, 부처라 더하지도 않고

불교에서 말하는 마음이란 세속 사회에서 쓰는 마음이라든가 또 세상의 유심론이니 유물론이니 하는 상대적이고 이원적인 마음과는 차원이 전혀 다릅니다. 불교에서는 이 마음을 5종심으로 나누어 보거나 더 세밀하게 6식·7식·8식·9식까지 나누기도 합니다. 그런데 본시 이 근본 마음은 언어도단言語道斷입니다. 뭐라고 형용할 수 없는 본바탕 마음은 우주 만유 이전에도 있었고 우주 만유가 다 가루가 되어 날아 간다고 하더라도 상관이 없는 그런 불생불멸의 자리입니다.

보통 사람들은 기쁜 생각, 슬픈 생각, 생겨났다가 또 죽는 생각으로 조각난 마음을 마음이라 생각합니다.

그러나 불교에서 일체유심조라 할 때 마음은 그러한 마음이 아닌 근본적인 마음, 곧 부처를 말합니다. 세상에서 말하는 무슨 조물주니, 알라신이니, 브라만신이니, 시바신이니, 여호와 하나님 신이니 하는 여러 가지 신도 모두 근본 마음에서 짜낸 것입니다. 엄격히 말하면 불교에서 말하는 심즉시불心卽是佛, 그 자리는 상념이나 생각이 끊어진 자리이므로 깨달은 자이거나 정진해서 체험하지 않은 사람은 충분히 이해되지 않습니다.

불교는 이심전심以心傳心으로 마음과 마음이 번개같이 서로 응하는 겁니다. 눈만 닿으면 도를 아는 것, 전광석화와 같이 번쩍거리는 그것이 우리의 마음입니다. 이 마음에는 때가 묻을 수 없으며 이 마음은 누가 훔쳐 갈 수도 없습니다. 이 마음을 본래 가지고 있으면서도 그 사실을 모르고 무명에 덮여서 보배를 사용할 줄 모르는 것이 바로 중생의 허물입니다. 그래서 앞생각이 미혹하면 부처가 중생이 되고〔前念迷 佛是衆生〕, 뒷생각이 깨달으면 중생이 바로 부처가 되는 것〔後念悟 衆生是佛〕입니다. 깨닫고 미혹함에 중생과 부처가 있는 것이지, 중생이라 해서 모자라고 부처라고 해서 더 있는 것이 아니라 그야말로 부증불감입니다.

번뇌의 구름을 벗어 버리고

이 마음이 미혹해서 삼계육도에 윤회합니다. 몸을 받아 가지고 올 때도 혼몽천지가 되어서 어디서 온 줄 모르고 오리무중으로 허둥지둥 온 것입니다. 그리하여 박씨네 집이나 이씨네 집의 아들 딸로 태어난 것이지요. 물론 그렇지 않은 분도 계시겠지만 우리가 어느 정도 닦지 않고는 사는 것도 혼몽천지요, 가는 것도 역시 올 때처럼 가는 방향도 몰라 헤매며 갑니다. 그래서 그 이름을 중생이라 합니다.

그러나 중생이라고 해서 마음이 없어진 것은 아닙니다. 조금도 모자라지 않게 갖고 있지만 무명업식無明業識에 가려서 모를 뿐입니다. 구름이 팔방으로 에워싸도 어찌 태양이 없어질 것이며, 어찌 빛을 잃어 버리겠습니까? 다만 구름에 가려서 안보일 뿐이듯 사람의 마음도 또한 망념이나 번뇌의 구름에 덮여 있을 뿐입니다. 그 구름을 벗어 버리고 참다운 자기를 발견하라는 것이 불교입니다.

우리의 이 마음만 알아 버리면 팔만대장경의 진리가 그대로 환하게 나타나고, 이 한 마음을 깨닫지 못하면 닥치는 곳마다 답답하고 통하지 못해 헤매고 불행하고 괴롭고 초조합니다. 이 마음 밝히는 수행이란 어려운 것이 아닙니다. 그야말로 우리가 깨닫는

것은 삽시간입니다. 그런 것을 바로 알고 믿으면 되는데 업 때문에 그것이 믿어지지 않아서 문제지요.

마음대로 가고 마음대로 오고

자기가 바로 모든 것을 이룩하는 근본 핵심이라는 것을 자각해야 합니다. 이것이 선의 진수입니다. 선의 진수란 것이 따로 있는 것이 아닙니다.

사실 깨친다는 것은 그리 어려운 것이 아닙니다. 어떤 사람은 행상 소리에도 깨치고, '탁' 하고 부딪치는 소리에 깨치기도 하고, 길 가다가 돌부리에 걸려 넘어져서도 깨치고, 그야말로 꿈 깨듯이 깨치게 됩니다. 그러니까 단계적으로 배워서 깨치는 것이 아니라 유식한 이나 무식한 이나 꼬집으면 아픈 줄 알고, 부르면 대답할 줄 아는 그런 주인공이 있는 자는 누구나 기연機緣을 만나면 즉각 깨치게 되는 것입니다.

깨치고 보면 우리의 근본 마음은 본래 장단長短이 없고 생사가 없는데 중생들은 그 근본 마음을 제쳐 놓고 지엽에 흐르는 마음을 가지고 살아 갑니다. 그래서 누가 기쁘게 하면 웃고, 화나게 하면 성을 내고, 미워하고, 사랑하고, 경계에 끄달리며 삽니다. 그야말로 팔만 사천 온갖 생각이 죽 끓듯 일어 나는 것이 마치 강

공부를 하여 수행이 된 사람은
자기 마음대로 이 몸을 벗어 버리고 생사를 넘나들 수 있습니다.
생사가 없는 경지에서 보면 생사는 마치 옷 갈아 입는 것과 같습니다.
양복도 입고 한복도 입고 붉은 옷도 입고 흰옷도 입고
옷을 갈아 입듯이 이 껍데기 몸을 마음대로 갈아 입으면
생사에 무슨 구애를 받겠습니까?

两个黄鹂鸣翠柳,
一行白鹭上青天。
窗含西岭千秋雪,
门泊东吴万里船。

휘호로 보는 우스님 말씀 竹影掃堦塵不起 月洛潭底水無痕 (죽영소계진불기 월락담저수무흔)

물이 흐르듯이 흐르고 있습니다.

꿈을 깨면 일찰나를 살아도 영원히 사는 것이고 꿈을 깨지 못하면 백 년을 살아도 고깃덩어리가 금수처럼 꿈틀거리다가 가는 것이지 사는 것이 아닙니다. 모든 것이 전부 간단한 마음의 조화인 것을 우리가 오고 가고 하는 토막토막에 걸려서 그 근본 마음을 모를 뿐입니다. 이 마음을 모르면 자기 마음대로 오고 가는 것이 아닙니다.

공부를 하여 수행이 된 사람은 자기 마음대로 이 몸을 벗어 버리고 생사를 넘나들 수 있습니다. 생사가 없는 경지에서 보면 생사는 마치 옷 갈아 입는 것과 같습니다. 양복도 입고 한복도 입고 붉은 옷도 입고 흰옷도 입고 마음대로 옷을 갈아 입듯이 이 껍데기 몸을 마음대로 갈아 입으면 생사에 무슨 구애를 받겠습니까? 그런 것을 우리가 가고 오는 것을 모르기 때문에 죽음에 대해 공포심이 있을 뿐이지 헌 옷을 새 옷으로 갈아 입는데 오히려 좋습니다.

마음 하나 밝히면 이곳이 극락

모습은 천차만별, 근본은 모두 부처

　참선을 해서 그 마음을 밝히고 보면, 한 가지 이치를 꿰뚫어 그야말로 죽은 사람을 천도하는 것이나 현재 살아 있는 사람을 천도하는 것이나 그 이치가 똑같음을 알 수 있습니다.
　한 컵의 물을 끓여 그 물이 다 증발해 안개나 구름이 되었다 해도 물은 없어진 것이 아닙니다. 단지 위치만 바뀐 것이지요. 이 몸뚱이도 죽으면 박가의 아들로 태어 났다, 김가의 딸로 태어 났다, 그러다 어찌 잘못하여 짐승도 되고, 잘하면 천당도 가고, 또 완전히 해탈하면 부처의 세계에서 불생불멸의 자리를 획득하는 이것이 바로 물이 순환하는 이치 그대로입니다. 우리가 깨달으면 일체 순환을 해도 내내 그 물이라는 것을 알 수 있듯이 우리 삶의 모습이 천차만별로 일어 나지만 내내 부처임을 알 수 있습니다.

이렇게 보면 오늘날 우리들이 하고 있는 영가천도靈駕薦度 의식 중에는 잘못된 것도 많이 있습니다. 원시불교에는 없던 것들이 조선시대를 거치면서 불교가 왜곡된 부분이 있기 때문이지요. 그런데도 그런 것을 오늘날까지도 고집스럽게 그대로 따라 하니 답답합니다.

오늘날은 첨단 과학의 발달로 세계는 하나라는 말이 실감날 정도로 어느 구석에서 무슨 일이 일어 나는지 안방에서도 알 수 있는 시대입니다. 이렇게 인간은 아주 지혜롭게 발전하고 있습니다. 그래서 요사이는 아이들이 노인보다 몇 배 앞서 있어요.

사실 우리도 늙어 죽으면 새로 태어나 아이가 될 것 아니겠어요? 그러니 다 동갑이지 나이 한 살 더 먹은 사람이 없습니다. 껍데기 옷만 바꾸어 입었지, 그 자리에 변동이 없어요. 눈이 녹아 물이 되고 이것이 증발하여 구름되고, 또 눈이 되고 우박이 되어 내려 오는 것이지, 어디 그것이 변해졌습니까? 그 물이 돌아 오면 다시 물이 되는 것이지요.

알고 보면 이 세상 사람은 전부 동갑이고 절대 평등이지 차별이 없습니다. 그러니까 죽었다고 해서 영가가 있는 곳이 무슨 별세계가 된 것은 아닙니다. 따라서 우리가 영가천도한다는 것도 따지고 보면 이 세상 사람 천도하는 것과 똑같습니다. 이 세상 사람도 부처님 말씀만 따라 가면 헤맬 일이 없는데, 옳은 길을 등지고 그저 제 고집대로 살아서 헤매는 것처럼 영가도 그렇게 미혹한 상태로 헤매고 있는 겁니다.

꿈을 꾸는데, 꿈속에서 우리가 돌아다닐 때 몸뚱이는 놓아 두고 마음만 돌아다니는 것이 아니라 몸뚱이째 돌아다닙니다. 우리 몸의 반은 방안에 두고 돌아다니는 것이 아니라 전부를 갖고 다닌다는 말입니다. 꿈을 깨고 나니까 마음만 돌아다닌 것이지, 깨기 전에는 100% 인생이 돌아다닌 겁니다.

영가도 그렇습니다. 우리가 볼 때 몸뚱이를 두고 떠났지 영가 자신은 그렇게 생각하지 않습니다. 사람이 죽으면 옆 사람이 송장을 치우고 화장해 버려 없는 줄 알지만, 그 죽은 사람 본인은 자기가 죽은 줄 모릅니다. 꿈에도 잠자고 있는 자기 몸을 모르고 꿈꾸는 것과 똑같아요.

그러니 영가를 천도한다는 것이 무엇인가요? 음식 많이 차려 놓고, 또 일부러 옷을 맞추어 놓고 이것을 불에 태워 영가에게 준다고 하는데, 멀쩡한 옷도 가져 가기 힘든데 태운 재를 어떻게 붙여 가지고 입고 가겠습니까? 그렇다면 밥도 태워야 먹을 것 아닙니까?

아무리 생각해 봐도 미련한 짓이며 도무지 판단력이 없는 것이 유치원 불교라고 할까요? 물론 유치원도 있어야 합니다. 그러나 우리가 항상 뒤떨어진 불교에만 매달려서야 어떻게 이 사회를 이끌어 나갈 수 있겠습니까?

불법을 바로 세우고 세상을 바르게 이끌 사람은 세상 사람보다 한 발 앞서야 합니다. 같은 대열에 끼여서도 안 되고 앞서서 해야 세상을 제도할 수 있습니다.

산 사람도 죽은 사람도 천도되는 법

영가천도하는 것도 우리가 불법을 공부하는 힘과 밝은 그 마음으로 이심전심하여 제도하는 것입니다. 아무리 확성기로 크게 소리내어 봤자 공부해 온 그 마음 없이 형식만으로는 영가 귀에 한마디도 들어 가지 않습니다. 이미 그 사람은 귀도 없어지고 눈도 없어졌으니 무엇으로 천도하겠습니까?

꿈을 꾸고 있을 때는 잠을 깨지 않는 한, 옆에서 아무리 해도 꿈꾸는 사람의 꿈세계를 관여할 수 없습니다. 같은 방안에서 둘이 꿈을 꾸었다고 해서 똑같은 꿈이 꾸어지지도 않습니다. 또 내가 그 사람하고 같이 다니는 꿈을 꾸었다고 하여, 그 사람 꿈에서도 내가 같이 다닌 것은 아닙니다. 절대 독단적인 세계입니다. 이렇게 세계가 다를진대 영가에게 음식을 많이 차려주고 옷을 태워 입혀보낸다는 등의 행위가 얼마나 어리석은 것입니까?

　불교에는 사실 없는 것이지요. 그러나 좋은 방편方便으로 어리석은 이를 지도하는 법도 없지 않아 있습니다. 『법화경』에도 보면, 집에 불이 났는데 놀이에 정신이 팔린 아이들이 위험을 알리는 아버지의 호소도 듣지 못하자 아버지가 한 수단을 사용하는 것이 나옵니다. 아버지는 아이들이 평소에 좋아하는 사슴 수레·소 수레·양 수레를 주겠다고 외쳤고, 그러자 아이들은 서로 앞다투어 집밖으로 나왔습니다. 이것은 남을 해치는 거짓말이 아니라 바른 길로 이끌고자 임시로 쓴 것으로 방편이라 합니다. 우리가 지금 하는 영가천도의 여러 의식들을 그런 방편으로 할 수는 있습니다. 그러나 적어도 이 사회를 바르게 이끌어 갈 불법이 그런 잠꼬대 같은 짓만 좇아서는 안 되겠습니다.

　불법을 바로 안다면 영가천도할 때 가장 중요한 것은 천도기도 하는 우리 마음이 참선정진하는 맑은 마음이어야 한다는 점입니다. 그 마음으로 영가를 불러 세우는 겁니다. 영가는 밥을 먹고 가는 게 아니라 희열로 밥을 삼는다고 합니다. 그러니까 불법을 전해 주어 미혹의 세계를 떠나게 하는 것이 천도이지, 음식을 잔뜩 차린다고 하여 천도되는 것이 아닙니다. 마음 없이 재만 지낸다면 그야말로 아까운 음식, 아까운 시간만 낭비하게 되는 것이지요.

참으로 법안法眼이 있는 이들이 영가를 딱 불러 세워, '네가 그렇게 헤매서 되겠느냐? 꿈을 깨라.'고 할 때 그 마음에 영가의 뜻이 감응하면 영가의 세계가 고쳐지고 천도되는 것입니다. 비행기를 타고 로켓을 타고 극락 가는 것이 아니라, 이렇게 한 생각 돌이키면 바로 그 자리가 극락 세계이고 서방 정토입니다.

'한 티끌 가운데 우주가 있는 것이고〔一微塵中含十方〕, 한없는 세계가 바로 한 생각〔無量遠劫卽一念〕이다.'라고 했습니다. 진리란 시간과 공간을 초월해서 있는 것인데 중생은 시간과 공간 속에서 헤맵니다. 우리가 이 꿈을 깨면 시간과 공간을 초월해 버립니다. 그러고 보면 온갖 것에 끄달려 온 삶을 일체 후회하게 되지요.

영가가 이러한 법을 얻어 가는 것이 주로 되어야 하는데, 우리는 물질만 많이 갖다 바치는 유치원, 초등학교 불법만 열심히 합니다. 너도나도 가져온 쌀로 새로 밥지어 올리니 식은 밥만 잔뜩 남기게 됩니다. 불공 올린다고 저마다 다기에 담겨 있던 물 버리고 또다시 새 물을 떠오는 것도 그렇습니다. 부처님이 조갈증 걸린 것도 아닌데 잘못하면 부처님 물배 터지겠어요. 이게 유치원 불교 아닙니까? 이제 이런 불교에서 탈피하여 귀중한 시간에 우리가 부처님 법에 따라 수행하고 정진할 때 산 사람도 죽은 사람도 다 저절로 천도가 되는 것입니다.

부처야, 아무 집 잿밥이다

예전에 어느 스님이 신도에게서 재 지낼 시주금 몇백만 원을 받았는데, 돈을 받고 돌아 오는 길에 재 준비할 물건은 안 사고 아픈 사람 약 주고, 가난한 사람 동냥에 응하면서 다른 데 다 써 버리셨습니다. 그러고는 며칠이 지나도록 별일 없이 지내시는 스님을 보고, 곁에 있던 시봉이 큰일났다 싶었지요. 내일 모레가 재 지내는 날이니 북 치고 장구 치고 음식도 잔뜩 차려야 할텐데, 스님은 맨송맨송하니 꿈쩍 않고 앉아 있으니 시봉이 걱정되어 여쭈어 보았습니다. 그러자 스님은 '재는 내가 벌써 다했느니라.'고 말씀하셨고, 시봉은 그 같은 사실을 그 신도님에게 알렸습니다. 그런데 그 신도님도 수준이 높았는지 그러냐고 하며 당일 다시 돈을 얼마 더 주어 상을 차려 놓고 스님을 청했습니다. 이때 스님께서 법문하시기를, '부처야, 아무 집 잿밥이다. 실컷 먹어라.'라고 하셨답니다.

우리가 불교의 조리정연한 이치를 외면하고 삿된 데 떨어져 지엽에만 매달려서야 어찌 불교가 사회의 어둠을 밝혀 주겠습니까? 중국에서 불교가 발달했을 때는 불단에 시주물을 갖다 놓아도 누가 갖다 놓았는지 몰랐다고 합니다. 그런데 요즈음 절에서는 종 하나만 해도 시주한 사람의 이름을 깨알같이 써넣어서 종 다 버려 놓습니다.

한 생각 일으킬 때 시방제불十方諸佛이 감응하는 것이지, 가서 얘기해야만 알아듣는 부처를 어디에다 써먹겠습니까. 잠자는 불교는 탈피해야 합니다. 팔만대장경에 얘기한 것도 많은데, 어찌 반찬 만들어 재 지내는 법만 이르느냔 말입니다.

영가가 생전에 좋아하던 음식을 갖다 바치는 마을의 제사에서도 사실 조상이 그 밥 덩어리를 먹고 가는 이치는 없습니다. 먹고 간다고 하면 다만 자손의 성의를 먹고 가는 것이지요. 아무리 밥을 떠놓아도 한 숟갈 줄어드는 법이 없지 않습니까? 만약 귀신이 맘대로 먹는다고 하면, 안 보이니까 음식점에 들어가 실컷 먹어도 되지 않겠어요? 그런데 영가는 그렇게 먹는 게 아니라, 베푸는 성의에 감응하여 만족하고, 법을 받아 들여 이고득락離苦得樂하는 것입니다.

살고 죽는 데 관계없이 우리가 모두 마음 하나 밝힐 때 더없이 행복한 극락에 사는 것이고, 미혹한 마음으로 온갖 것에 끄달릴 때 번뇌와 고통이 끊이지 않는 중생계에 사는 것입니다. 우리가 이 이치를 바로 알고 밝은 마음으로 임하지 않는다면 영가천도도 불공기도도 모두 헛짓입니다.

꿈을 꾸고 있을 때는 잠을 깨지 않는 한,
옆에서 아무리 해도 꿈꾸는 사람의 꿈세계를 관여할 수 없습니다.
같은 방안에서 둘이 꿈을 꾸었다고 해서
똑같은 꿈이 꾸어지지도 않습니다.
또 내가 그 사람하고 같이 다니는 꿈을 꾸었다고 하여,
그 사람 꿈에서도 내가 같이 다닌 것은 아닙니다.
절대 독단적인 세계입니다.

휘호로 보는 숭산 큰스님 법문 圓覺普照 (원각보조)

아주 쉽고 재미있는 마음 공부

공부하는 재미

세상에 재미있는 이야기는 듣기 좋지만 우리 삶에 별 소용이 없고 이익이 안 됩니다. '좋은 약은 입에는 쓰지만 병을 다스리는 데는 좋고, 바르고 충성스런 말은 귀에는 거슬리나 인생살이에 이익이 된다.' 라는 말도 있습니다. 세상 잡담은 듣기가 좋고 아무리 해도 피곤하지 않지만 부처님 경전 말씀은 졸립고 지루하고 답답합니다. 왜냐 하면 이 세상의 재미는 오욕락을 기준으로 해서 느끼는 것인데 진리를 공부하는 것은 그 정반대 방향으로 나아가니 재미가 없는 것이지요.

그러나 공부가 익어 가면 진리를 깨닫는 이 공부보다 재미있는 것은 없습니다. 공부하는 재미가 얼마나 큰가를 알려주는 이야기가 있습니다.

산중에서 토굴을 지어 놓고 공부하는 한 납자衲子가 있었어요. 하루는 밥을 하다가 물이 자작자작한 것이 아직 뜸이 덜 들었다 싶어서 그 사이 잠깐 안으로 들어가 정진을 하다가, 이만하면 뜸이 들었겠지 하여 나가 보니까 밥이 썩어 있었다고 합니다. 그러니까 몇 달은 지났던 것이지요. 얼마나 재미가 좋으면 잠깐 사이에 몇 달이 지나가 버렸겠습니까?

세상 재미란 알고 보면 값어치가 없을 뿐 아니라 도리어 취할수록 고통이 따릅니다. 그러나 우리가 항상 마음 공부를 생활화하고 보면 늘 즐거운 삶이 전개됩니다.

법계에 충만한 한 물건

불교의 골수 법문이라는 『금강경』을 해설한 『금강반야바라밀경오가해金剛般若波羅蜜經五家解』의 서설序說에 이런 공부하는 뜻이 잘 담겨진 경문이 있습니다.

有一物於此

바로 우리가 앉아 있는 것이 한 물건입니다.

絶名相

그 물건이 붉지도, 둥글지도, 희지도, 크지도, 작지도 않으며 또 착하다, 악하다 해도 맞지 않고 그야말로 모든 명상名相이 끊어진 자리입니다.

貫古今 處一塵 圍六合 內含衆妙 外應群機

즉, 안으로는 묘한 이치가 있기 때문에 누가 웃기면 웃을 줄 알고, 화나게 하면 화낼 줄 알고, 산이 나타 나면 산인 줄 알고, 물이 나타 나면 물인 줄 알아, 일체 경계가 나타 난 대로 모두 응해줍니다. 마치 맑은 거울 앞에 검은 것이 오면 검게 비춰주고 흰 것이 오면 희게 비춰주듯이 우리의 그 자리는 천하만상을 소소하게 비추어주는 근본을 갖고 있는 묘한 물건입니다. 한마디로 안으로 묘한 것을 간직하고 있기 때문에 겉으로는 어떠한 경계라도 모두 비춰주고 응해 주는 것이지요.

主於三才 王於萬法

삼재란 우주 전체를 뜻하고, 만법은 인간지식의 사량분별을 말합니다. 즉 바람 불고, 비오고, 울고, 웃고, 남자는 장가들고, 여자는 시집가고 하는 모든 만법 가운데 근본 마음 자리, 그 자리가 왕이니 이것 없이는 아무것도 안되지요.

蕩蕩乎其無比 巍巍乎其無倫

그야말로 절대적이지요.

不曰神乎 昭昭於俯仰之間 隱隱於視廳之際

한 마디로 온갖 인간사가 그 속에 있습니다.

不曰玄乎 先天地而無其始 後天地而無其終 空耶 有耶 吾未知其所以

정말 묘하지요. 있다고 하고 보면 아무리 찾아 봐도 그 자취를 찾을 수 없지만, 없다고 하려니 또 두두물물 화화초초 천지만상에 이렇게 흩어져 있는데 어떻게 없는 것이겠습니까? 참으로 묘해서 있다 해도 안 맞고, 없다 해도 안 맞는 유무를 초월한 것입니다.

我迦文 得這一着子

우리는 이 도리를 몰라서 헤맵니다.

普觀衆生 同稟而迷 歎曰寄哉 向生死海中

그 자리를 다 갖추고 있으면서도 미혹한 이 중생을 위해 석가모니 부처님께서 발 벗고 나서신 것입니다.

駕無底船

밑바닥이 있는 배는 어느 정도 실으면 더 이상 실을 수 없지만 밑바닥이 없는 배는 천하만사를 다 실어도 그 배가 다 차지 않습니다.

吹無孔笛 妙音 動地 法海 漫天

마음 자리는 머리도 없고 꼬리도 없고 소리도 안 나고 냄새도 없으면서 밝기로 친다면 백천 일월보다 밝습니다. 일월이야 가리면 안 비치지만, 아무리 벽에 가려 있어도 또 수천 리 밖에 있다 해도 이 마음 자리에는 다 비칩니다. 예를 들어, 저 멀리 프랑스의 파리에 다녀온 사람이라면 한 순간에도 그 거리가 마음에 비치거든요.

반면에 우리 눈은 초지장 하나만 가려 놓아도 그 밖에서 무엇을 하는지도 모릅니다. 마음 자리를 못 밝히면 그야말로 내 인생 1초 1분 후조차 어떻게 전개될지 까마득히 모릅니다. 그러니까 우리가 앉고 서고 움직이고 쓰는 가운데 있는 이것이 과연 무슨 물건인가 하는 것 — 이것이 화두입니다.

게을러서 안 된다

우리가 진리를 찾고 도를 구해 마음 공부한다는 것은 이론을 따지고 많이 알고 있는 것으로 되는 것이 아닙니다. 꼬집으면 아픈 줄 알고 불러 내면 대답할 줄 아는 이라면 누구나 그 주인공을 찾아 도를 성취할 수 있습니다.

앞 못보는 장님도, 말 못하는 벙어리도 찌르면 아픈 줄 압니다. 그런 감각이 있는 사람이라면 누구든지 마음을 깨쳐 성불할 수 있습니다. 멀리 있는 것은 찾아 나서기 쉽지 않지만 스스로 지니고 있는 마음은 잠시도 버릴 수 없으며 어디를 가도 항상 따라

정말 묘하지요.
있다고 하고 보면
아무리 찾아봐도 그 자취를 찾을 수 없지만,
없다고 하려니 두두물물 화화초초 천지만상에 이렇게 흩어져 있는데
어떻게 없는 것이겠습니까?
참으로 묘해서 있다 해도 안 맞고, 없다 해도 안 맞는
유무를 초월한 것입니다.

다니므로 조금만 신경을 써서 살피면 사실 쉽게 알 수 있거든요. 다만 오욕락을 좇아 이리저리 뛰어다니며 정신없이 사는 생활의 연속이라 못 볼 뿐이지 조금만 정신을 가다듬고 보면 누구든지 찾아낼 수 있습니다.

이런 중생들의 상태를 비유한 우스운 이야기가 있습니다. 어찌나 게으르던지 아랫목에서 밥을 먹고 윗목 가서 똥을 쌀 정도로 게으른 사람이 있었는데, 보다 못한 그의 아내가 하루는 바람 좀 쐬고 오라고 하면서 김밥을 실에 꿰어 남편의 목에 걸어 주었습니다. 보따리에 밥을 싸주면 게을러서 풀어 먹지 않을 테니까 말입니다. 그래서 먹기 좋게 염주처럼 목에 걸어 주었던 것이지요.

그런데 얼마를 갔는지 한 나절이 지났건만 이 게으름뱅이는 배가 고파 죽을 지경이면서도 목에 걸린 김밥도 따먹기 싫어 망설이고 있었습니다. 그때 마침 저 앞에서 어떤 사람이 갓을 삐딱하게 쓰고 걸어오는 것을 보고는 옳다 됐다 싶어 그 사람을 불러 세웠습니다. 그러고는 "내가 지금 배가 고픈데 내 목에 있는 김밥 몇 개 따서 내게 주고 당신도 좀 드시구려."라고 좀 거드름을 피우며 말했거든요. 그런데 그 갓 쓴 사람 말이 가관이었지요.

"여보시오, 나는 30리 밖에서 바람이 불어 내 갓이 삐딱하게 넘어갔는데도 바로 세우기 귀찮아서 이렇게 쓰고 있는데 무슨 싱

거운 소리요."

이것이 우리 중생들의 모습입니다. 목에 걸어 놓은 김밥처럼 가까이 있고 찾기 쉬운 마음을 안 찾고 있으니 말입니다. 누구나 조금만 노력하면 찾을 수 있는데도, 누가 칭찬하면 따라 좋아하고, 누가 부아지르면 부아내면서 항상 바깥으로 헤매고 있으니 참으로 딱한 일입니다.

마음 공부하는 것은 세수하다가 코 만지는 것보다 쉽다고 했습니다. 업은 아기 3년 찾는다는 말이 있듯이 엉뚱한 곳에서 헤매니 안되는 것이지요.

부처님께서는 어려운 일, 안 되는 일을 하라고 하시지 않았습니다. 누구든지 마음만 먹으면 견성오도할 수 있습니다. 그런데도 요즘 사람들이 모두 바깥으로만 헤매고 자기 마음의 주인공을 찾지 않기 때문에 이런 경책하는 이야기도 나오는 것입니다.

이제는 부처님 가르침을 따라 실제로 행하고 체험해야 할 때입니다. 시간과 공간을 초월하여 항상하는 자리, 그 열반 세계를 찾는 공부 — 선이란 그렇게 늘 생활 속에서 될 때 공부가 되는 것임을 명심하여 늘 그 자리를 놓치지 않도록 해야 하겠습니다.

휘호로 보는 운산님 말씀   乾坤未分前 (건곤미분전)

생활선의 세계·II

부산일보사 강당에서 정토회 대중에게

절대 평등한 이치를 밝히는 참선

기초가 단단해야 한다

우리가 아무리 배운 것이 많고 과학문명이 발달했다 해도 아는 것에는 분명 한계가 있습니다. 그러니까 푸르게 알든지 둥글게 알든지 길게 알든지 짧게 알든지 궁극에 가서는 한계에 부딪힌다는 것이지요.

인간의 알음알이가 갖는 그 한계를 뛰어넘는 것이 불교요, 참선은 참된 불법으로 곧장 들어 가는 방법입니다. 알음알이의 한계를 뛰어 넘자면 먼저 모른다는 것을 알아야 합니다. 이리저리 따져서는 모른다는 결론이 안 나옵니다. 그래서 대의단大疑團이 참선의 첫째 원리가 되는 것이지요. 그런 커다란 의심 덩어리를 안고 뚫어 가는 것이 화두話頭입니다. 작은 것을 가지고 의심하는 것은 화두가 아닙니다.

가령 주먹을 딱 쥐고 '이 안에 뭐가 들었는고?', 혹은 '저 궤짝 속에 무엇이 들었는고?' 하면서 한계를 정해 놓고 의심해 들어간다면 알아 봐야 주먹 속에 있는 것과 궤짝 속에 있는 것뿐입니다. 따지고 분석하여 원리를 캐려는 자세로 온갖 선입견을 갖고 화두를 배우고 따라 행한다면 마치 모래로 밥을 짓는 것과 같아 수천 년을 해도 깨달음은 얻을 수 없습니다.

그렇기 때문에 화두에 임하는 태도가 중요한 것입니다. 그저 의심만 한다고 되는 것은 아닙니다. 모든 지식이 없어지는 그 순간, 백척간두진일보百尺竿頭進一步로, 다시 들어 갈 수 없는 벽에 딱 부딪치는 그것이 화두입니다. 그렇게 화두는 전체가 의심 덩어리 하나뿐이어야지, 거기에 무슨 조건이 붙을 수 없습니다.

따지고 가르칠 수 있는 알음알이 지식 보따리는 다 집어던지고 들어서야 합니다. 우리가 아는 그 한계를 그대로 가지고 이것은 무엇이고 저것은 무엇인가 하고 따지고 의심해서는 참선의 근본을 깨치기는 어렵고, 되지도 않습니다. 마치 붉은 안경을 쓰면 하얀 것을 봐도 전부 붉게 보이듯이 자기가 안다는 한계, 그 선입관에 가려서 근본을 모르는 것과 같습니다.

예를 들어 신을 믿는 그 생각을 갖고 참선 화두에 몰두하면,

결국은 자기도 모르는 무의식 중에 그 모르는 것을 신에다가 붙여 버리게 됩니다. 그렇기 때문에 화두하는 바른 자세를 중요시하는 것입니다. 충분한 기초를 닦고 해야 합니다. 그저 남의 말 듣고, 남이 하는 것 보고 따라 해서는 안 됩니다.

집을 지을 때에도 지도자가 필요하고 기초를 잘 다져야 합니다. 만약 급한 생각으로 모래밭에 기초도 닦지 않고 집을 짓는다면 한 순간 반듯했다 해도 오래 가지 않아 무너질 것입니다. 마찬가지로 불법의 이치에 단도직입적으로 들어 가는 참선을 하려면 그런 기초가 단단해야 합니다. 그냥은 잘 안 됩니다. 이 세상의 모든 철학이나 모든 종교나, 모든 인간이 짜낸 지식을 다 섭렵해서 그것이 아닌 줄 알아 완전히 포기한 입장, 그런 자격이 되어야 참으로 참선을 하게 됩니다. 그래서 강원에 가서 10년이고 5년이고 철저하게 팔만대장경 경전 공부도 하여 이론이 그 한계에 달해 더 이상 필요가 없는 데까지 도달해 버리면 참선 공부가 제대로 되지요.

반면에 그렇게 모든 것의 한계를 알도록 깊이 공부하지 못했다 해도 참선의 길은 있습니다. 그러니까 일자 무식일지라도 헛된 상념 없이 어느 선지식을 절대로 믿는 사람도 참선의 길에 들어 갈 수 있습니다.

그러나 요즘 시대는 모든 것이 타당성이 있어야 하고 객관성이 있어야 하고 또 이성적으로 모든 것이 맞아야 남의 말을 믿지 맹목적으로 믿는 시대는 아닙니다. 우리의 인지가 이렇게 발달할수록 뭔가 자기 상념을 구사해서 자기 창의력에 비추어서 비판하고 모든 것을 판단하지 맹목적으로 따라 가지는 않습니다. 오늘날 불교가 널리 인정되고 큰 관심의 대상이 된 것도 인지가 발달하고 과학이 발달하여 밝게 알고 그만큼 지혜가 밝아졌기 때문이기도 합니다. 그래서 참선과 화두는 지혜를 갈고 닦아 그 지혜의 한계를 넘어서 이론할 필요가 없는 단계에 들어설 때 제대로 공부가 됩니다.

집중해야 힘이 생긴다

24시간 하루를 살아도 정신없이 사는 것이 우리 중생의 삶인데 그런 가운데에도 항상 자기의 근본 마음을 잃지 않고 사는 것이 참선입니다. 그래서 밖으로 일체 경계에 흔들리지 아니하고, 안으로 자기 마음에 모든 산란심이 사라진 자리가 참선 자리입니다.

아무것도 안 하고 가만히 앉아 있어도 모든 상념이 불끈불끈 일어나 계속해서 온갖 생각이 들끓습니다. 이래서는 백 년을 앉아서 참선한다고 해도 잘 안 되게 마련입니다. 거울에 초점을 맞추어 햇빛을 모아야 불이 일어 나듯이 우리의 생각도 초점을 맞추어야 그 모르는 의심 덩어리를 뚫고 갈 힘이 생깁니다. 기쁜 생각, 슬픈 생각, 미워하는 생각, 사랑하는 생각, 과거·현재·미래의 온갖 잡념에 흩어지면 집중력을 잃고 힘이 없어집니다.

사실 세상의 모든 학설에 대해서도 모든 것을 철저히 알면 알수록 마음이 정돈됩니다. 그래서 공부가 많이 된 사람들은 몇 마디 안 해도 서로 마음이 통합니다. 몇 마디 근본만 얘기해도 그것이 무슨 말인지 정리가 되어 버리기 때문에 한두 마디로 인류의 모든 이론을 다 끊어 버리는 것이 가능하지요. 그렇기 때문에 말이 간단해집니다. 어리석고 공부 정도가 얕을수록 말이 많습니다.

바닷물을 한 군데만 찍어 먹어 보고도 그 바닷물이 다 짠 줄 알듯이 우리가 한 가지를 딱 이해할 때, 우주의 모든 것이 파악됩니다. 그렇게 꿰뚫는 이치를 모르고 일상 생활에서 그저 토막토막 "이게 뭐꼬, 저게 뭐꼬" 이렇게 의심내어서는 참선 화두가 안 됩니다.

어떠한 물건이 이래 왔는고?

회양 선사는 소동파니 백낙천처럼 세계적인 학자입니다. 그러한 학자인데도 자기가 아는 것은 캄캄한 그림자 같고 안심이 안 되어 항상 미지근하여 통쾌하질 못했어요. 그런데 일자 무식인 혜능 스님의 명성이 천하에 진동하고, 모든 사람들이 그곳에서 마음을 열고 혜안을 얻었다 하니 회양 선사는 신기해 했습니다. 회양 선사 자신은 그렇게 학문이 막힘이 없이 넓고 깊은데도 찾아 오는 사람도 별로 없을 뿐 아니라, 우선 자신의 인생이 항상 어두운 그림자가 따르고 답답했어요. 그런데 어떻게 일자 무식인 자가 그럴 수 있는가 궁금하였던 것입니다.

그래서 한번 직접 찾아가 본다고 길을 떠났습니다. 요즈음 같으면 차나 비행기를 타고 획 갔다 오지만 옛날에는 교통편이 불편해서 그 넓은 땅을 가는 데 몇 달이 걸립니다. 크고 험한 재를 넘고, 작은 강은 헤엄치고, 큰 강이 막고 있으면 조각배라도 타고 건너고 해서 많은 고통을 겪으면서 여러 달이 걸려서 찾아 갔습니다.

드디어 혜능 스님의 처소에 이르러 방문을 열고 인사를 하려다 스님의 모양을 떡 보니, 큰 학자였거든요. 그러니까 회양 선사 눈에 보이는 혜능 스님은 그야말로 아는 것이 꽉 차 있는 큰 학자였다는 말입니다. 그런데 인사를 하는 찰나에 혜능 스님이 "어떠한 물건이 이래 왔는고?" 하고 소리질러 묻는 것이었어요. 그 순간 회양 선사는 그 '어떠한 물건이 왔느냐?' 는 말에 모든 생각이 꽉 막혀 버립니다.

오지 않은 것은 아니지요. 왼쪽 손 한 번 내흔들고 오른쪽 손 한 번 내흔들고 왼쪽 발 한 번 내딛고 오른쪽 발 한 번 따라 딛고 몇 달을 그렇게 힘들여서 왔단 말입니다. 눈을 크게 떠서 물에 빠지지도 않고, 지나 가는 사람과 부딪히지도 않고, 수레에 치이지도 않고 오기는 왔지요. 그런데 여기서 '어떠한 물건이 이래 왔다.'고 되받아야 하는데 꽉 막혀 버린 거지요. 마치 혼빠진 할머니가 딸네집을 시간가는 줄 모르고 우두커니 쳐다 보듯 그렇게 정신 없이 얼마 동안 서 있던 회양 선사는 막힌 그것을 그대로 안고 그 자리에서 발길을 돌립니다. '내가 오기는 왔으면서도 어떠한 물건이 이래 왔냐고 묻는 말에 한 마디 대답도 못하면서 종일 이야기를 한들 무슨 이익이 있겠는가?' 하는 생각이 들었던 거지요.

평생 갈고 닦은 지식이라는 것이 그 대답 하나 못했으니 어디다 써먹을 지식인지 통탄할 노릇이었지요. 그야말로 지식의 금자탑이 일자 무식인 혜능 스님의 한마디에 와르르 다 무너져 버린 것입니다.

이렇게 되니 자기 재산 전부를 다 바람에 날려보내고 빈털터리가 되어 정신없이 돌아 가는 판입니다. 마치 목에 가시가 하나 걸린 것처럼 이놈의 꽉 막힌 것이 그냥 삼키려고 해도 안 넘어 가고 뱉으려 해도 안 뱉아지니 얼마나 답답한 노릇이겠어요.

누가 곁에서 무슨 말을 해도 다 마이동풍馬耳東風이라 묻는 말에도 동문서답이요, 오직 그 놈 하나가 딱 걸려서 아무 말도 들어오지 않았습니다. 무슨 책을 들고 찾아 보고 사전을 뒤지고 찾아 볼 문제도 아니고 그렇다고 연구할 대상도 아니었죠. 꽉 막혀 버린 것이지요. 이렇게 꽉 막혀 버리니까 무슨 공부인들 안 할래야 안 할 수 없잖아요? 그렇게 답답한 걸 풀지 않고서야 마음을 놓을 수가 없으니까요. 가나 오나, 앉으나 서나, 밥을 먹으나 소변을 보나 그 문제 하나가 꽉 걸려서 잠자기 전까지는 그 문제를 놓을래야 놓을 수가 없고, 친구에게 편지를 하나 쓰려 해도 그 의심이 꽉 막혀서 잠시도 놓을 수가 없었습니다. 회양 선사는 바로 그렇게 꽉 막힌 의심 덩어리를 한시도 놓지 않고 붙들고 갔기 때문에 결국 하루아침에 확연히 깨치게 됩니다. 이것이 참선이 되는 이치입니다.

꾸밈없는 평상심平常心이 도道

이렇게 한번 딱 깨쳐서 본래의 성품을 안다고 해서 머리가 하나 더 생기고 눈이 하나 더 붙는 것은 아닙니다. 그 모습 그대로 진리인 것입니다. 요즈음은 흔히 신통력이나 부리고 기이한 재주가 보이는 경지가 도인 줄 아는데, 우리 인생 문제에 있어 그까짓 신통력 하나 갖다가 어디에 써 먹겠습니까? 미혹한 중생 세계에서나 그런 것에 호기심이 동할 수 있지, 생사를 초월한 자리에 무슨 신통력 같은 것은 쓸 자리도 없습니다.

평상심이 도라, 졸리면 잠자고 배고프면 먹는 그대로의 세상, 조금도 흔들리지 않고 있는 그대로 이 세계가 바로 깨달음의 세계이지, 무슨 신출귀몰한 방법으로 문제를 해결하는 것이 도가 아닙니다. 참으로 이것이 불교의 위대함이지요.

여러분은 이 세상에 사는 많은 사람들이 그렇게 사는데 그러면 도란 별게 아니지 않은가 하고 문제를 제기할지 모르지만, 사실 보통 중생은 평상시 그렇게 살지 못하거든요. 뭔가 자기 색안경을 하나 쓰고 보기 때문에 이 세상의 현실을 그대로 판단하지 못합니다. 권력의 안경을 쓰고 세상을 대하여 친구의 의리조차 끊어 버리고, 욕망의 빛깔에 가려서 일을 바로 판단하지 못하는 등 중생들이 모두 이 병에 들어있지요. 그러나 어린아이처럼 천진난만하고 탐진치에 병들지 않는 참으로 꾸밈이 없는 삶을 산다면 그대로가 성인의 세계입니다.

절대 평등한 하나된 이치를 따라

오늘날 사회가 혼탁한 것은 모든 중생의 정신이 병들어 있기

우리가 아는 그 한계를 그대로 가지고
이것은 무엇이고 저것은 무엇인가 하고 따지고 의심해서는
참선의 근본을 깨치기는 어렵고, 되지도 않습니다.
마치 붉은 안경을 쓰면 하얀 것을 봐도 전부 붉게 보이듯이
자기가 안다는 한계, 그 선입관에 가려서 근본을 모르는 것과 같습니다.

때문입니다. 그러나 만약 우리가 불교의 인과만 알아도 혼란은 오지 않습니다. 인과 원리만 안다면 길가에 돈이 굴러도 줍지 않습니다. 왜냐 하면 내가 정당하게 노력하지 않으면 나에게 도움이 안 되기 때문입니다. 내가 노력한 만큼 도움이 되지, 우연이나 기적이나 요행은 있을 수 없는 것이 인과의 이치입니다. 이 세상은 전부가 조리정연한 이치에 의해 움직입니다. 그 이치에 조금만 어긋나도 우주는 파괴됩니다.

세상 만사는 전부 그럴 만한 까닭이 있습니다. 그 이치를 밝힌 것이 바로 불교입니다. '이것이 있으므로 해서 저것이 있고, 저것이 있으므로 이것이 있다.'라는 연기법이 그 모든 것을 말해 줍니다. 그러니 세상만물의 근본 핵심, 그 이치로 보면 전부 하나입니다. 그 하나를 알 때 우주 전체를 알게 됩니다.

종교도 그렇습니다. 불교가 따로 있는 것이 아닙니다. 뭐든지 인간 지혜가 극도에 다다르면 한 소리를 하게 됩니다. 조금도 다른 소리가 없거든요. 진리가 하나이지, 이치가 둘이고 셋이고 그러한 것이 설 수 있느냔 말입니다. 자기 소견대로 중간쯤 보고 자기가 판단해서 옳다고 모두 으스대는 것이지 극에 달해서는 모두 똑같은 소리를 하게 됩니다. 그것이 불이법不二法입니다.

우리의 모양은 형형색색으로 남자냐 여자냐, 잘났느냐 못났느냐, 건강하냐 약하냐 하는 것들은 있지만, 그 마음 자리는 누가 더 모자라거나 누가 더 길다는 것은 없습니다. 절대 평등합니다. 모양이 있는 자리는 차별이 있을 수 있지만, 모양이 없는 자리에 무슨 차별이 있겠습니까? 그 자리는 누가 훔칠 수도 없고 해칠 수도 없는 절대적인 자리입니다. 그 절대적인 자리를 완전히 파헤쳐서 각성하는 것이 불교입니다.

그렇기 때문에 부처님 법이 따로 있는 것이 아니며, 부처님만 중한 것은 아닙니다. 부처라는 말도 깨치면 없어집니다. 중생이 있음으로 해서 부처란 말이 있고, 밝은 것은 어둠이 있기 때문에 밝다는 말이 있고, 착한 것은 악한 것이 있기 때문에 착함이 있습니다. 이것이 모두 두 쪼가리 상대적 원리입니다. 우리가 아무리 착하게 한다고 해도 그러한 착한 이면에 악한 그림자가 따르고, 우리가 아무리 오래 산다고 해도 죽음의 그림자가 금방 따라 붙습니다.

이러한 것을 뛰어넘어서 절대 평등한 안목을 얻기 전에는 참선의 방법을 찾을 수 없음을 아는 것, 이것부터가 참선을 바르게 하는 기초입니다.

회훈으로 보는 공자님 말씀 —理齊平 (일리제평)

여유롭고 기쁨이 넘치는 생활의 힘

안 되는 과정이 쌓여 되는 것

참선을 생활화한다고 이것저것 노력하는데, 사실 참선이란, 생활 속에서 깨치는 것이 목적이 아니라, 참선이 그대로 생활이어야 합니다. 그러니까 생활을 하자는 게 참선이지 생활을 여의고 보면 참선이고 불법이고 그 가르침을 어디에 써먹겠습니까? 우리 생활에 답답함이 있으니까 그 답답함에서부터 빠져나오도록 하는 것이 종교의 근본이 아니겠습니까? 한가하고 마음 편한 사람이 공부하는 것이 아니라, 답답하고 급한 사람이 하는 것이 공부입니다.

중생살이란 것이 물에 빠져 허우적거리는 것과 마찬가지입니다. 그 물에서 기어나오는 방법, 그것이 참선입니다. 따라서 생활을 여의고 참선이란 있을 수 없습니다. 우리가 날마다 24시간을 살아 가지만 불법에 접한 초년생들은 금방 참선의 세계에 들어 가기 어렵습니다. 첫술에 대번 배부르지 않듯이 금방 되지는 않지만, 노력하다 보면 서서히 그 길에 들어서게 되지요. 가령 누가 화를 돋우면 종전에 하던 습대로 화가 나서 거기에 끄달리기 십상입니다. 그러나 공부하자고 한번 마음 먹고 조금만 마음을 가라 앉혀도 '아차!' 하면서 이래서는 안 되겠다고 반성을 하게 됩니다.

그렇게 몰두해서 화두를 할 때, 믿고 의지하는 스승이 '뜰 앞의 잣나무가 부처다.' 라고 한 마디 지르면 의심이 목에 탁 막힙니다. 나에게는 잣나무로밖에 보이지 않는데 뜰 앞의 잣나무를 부처라 하니 그 선지식이 거짓말을 할 턱은 없고 뜰 앞의 잣나무가 부처는 부처일테니, 의심이 없을래야 없을 수 없지요.

그런데 이런 큰 의심에 부딪혀서도 대개는 주변 경계에 끄달려 그 의심을 놓치기가 쉽습니다. 그러니까 울리면 울고 웃기면 웃으며 그만 그 의심을 놓쳐 버리고, 다시 붙잡았다가도 또 놓쳐 버립니다. 물론 깊이 몰두해 왔던 끝이라 곧 '아! 내가 놓쳤구나.' 하고 깨닫기는 합니다. 생활이 참선이 된다는 것이 이렇듯 쉽지는 않습니다.

그런데 이렇게 안 되는 것이 쌓여질 때 되는 것이지 안 되는 것 없이 되는 것이 아닙니다. 우리가 자전거를 배울 때도 어떻습니까? 단번에 잘 타는 사람은 없습니다. 처음에는 자꾸 넘어집니다. 그래서 무릎도 깨고 핸들도 부러뜨리고 잘 안 됩니다. 만약 이렇게 안 된다고 해서 중간에 집어던지고 포기하면 그 사람은 영원히 자전거를 못 타겠지요. 그러나 안 되는 과정을 자꾸 반복해서 노력하다 보면 나중에는 결국 잘 탈 수 있는 것입니다. 이렇게 안 되는 과정 과정이 자꾸 쌓일 때 결국에는 되는 것이니 안 되는 것이 바로 되는 것입니다.

참선 수행도 그렇습니다. 처음에는 항상 근본에 집중해서 생각한다 해도 하루 24시간은커녕 몇 분도 제대로 안 되는 것이 당연합니다. 그렇게 아무리 애를 써도 잘 안 되는 것이 하루 이틀 하면 좀 달라집니다. 사흘 하면 좀 다르고 나흘 하면 다르고 자꾸 할수록 달라지지요. 그렇게 꾸준히 노력하여 어느 정도 안 되는 것이 쌓이다 보면 저절로 그 생각을 놓을래야 놓을 수 없는 단계에 이르게 됩니다.

정신이 맑아지면 판단도 정확하다

언젠가 만난 운전 기사분이 "운전하는 사람은 잠시라도 생각을 놓으면 사고를 저지르게 되는데, 우리 같은 사람도 참선을 할 수 있겠습니까?" 하고 묻더군요. 그래서 "아, 그렇다면 운전 기사일수록 더욱 참선을 해야 합니다."라고 대답했지요.

참선을 하게 되면 이 모든 육체가 눈이 됩니다. 참선을 안 하면 밖에 나와 일을 하면서도 집안 걱정이나 친구 생각 등이 죽 끓듯 일어 나지만, 참선을 하게 되면 그 흩어진 생각이 하나로 모여서 동서남북이 다 마음의 눈에 비치기 때문에 사고가 일어 날래야 일어 날 수 없는 것이 이치입니다. 후에 그 운전 기사분이 참선 공부를 하여 그런 경지를 스스로 경험하고 나서는 정말 사고도 없고 생활에 힘이 생긴다고 하더군요.

이렇게 참선은 별스러운 게 아닙니다. 모든 생각을 집중하면 마음이 밝아 오고 정신이 맑아져 매사에 판단도 바르게 하게 되는 것이 바로 참선의 이치지요. 따라서 이 참선 수행을 열심히 하면 정신이 밝아져서 모든 일에 대한 판단도 빠르고 정확해집니다. 그러나 평소 우리 마음은 탐진치 삼독의 그림자에 가려 있기 때문에 모든 판단도 더디고 사고가 흐려져 있습니다.

마음이 밝으면 마치 만상이 맑은 거울에 나타 나는 그대로 비치듯이, 검은 것은 검게 비치고 붉은 것은 붉게 비치고 아무 구애 없이 정확하게 비칩니다. 그러나 거울에 때가 끼면 옳게 비치지 않듯 우리 마음이 삼독심으로 흐려져 있어 제대로 볼 수 없습니다. 옛날 국사나 왕사는 모든 정치하는 사람들에게 가르치기를, 일에 대해 항상 마음이 밝아 있어야 한다고 하셨습니다. 이 세상 사람들은 모두 오욕락에 가려서 밝은 것이 빛을 발휘하지 못하는데, 만약 이러한 오욕락을 탈피해서 때가 낀 마음이 없다면 매사에 밝고, 사건 처리에도 생각할 틈조차 필요없게 됩니다.

거울에 물건이 비칠 때 이리저리 생각해서 비치는 것은 아닙니다. 붉은 것은 붉게 검은 것은 검게 금방 그대로 비치듯이, 참선 공부가 되어 마음에 때가 없으면 어떠한 사건에 딱 부딪치면 그대로 판단이 섭니다. 정신의 힘이 크다는 것도 이런 데 있습니다. 이렇게 참선을 해서 딱 집중하면 언제 어디서 무슨 일을 하든지 흐린 생각이 없습니다. 그래서 밝은 생각이 뒤통수도 본다는 말이 생겼습니다. 이것이 참선입니다.

하루 24시간, 항상 일상 생활을 그대로 참선하는 노력으로 채운다면 우리의 마음에 산란심이 가라 앉고, 살아 가는 데 힘이 생기고, 마음에 여유가 생깁니다. 그래서 참선하기 전에는 누가 화를 좀 돋우면 금방 독사같이 파르르 해 가지고 그저 너 한 주먹 내 한 주먹 식으로 대결하지만, 참선을 하게 되면 화살을 막는 과녁판처럼 모든 생각을 막을 수 있는 마음의 빛과 여유가 생깁니다. 그러니 화를 돋우어도 웃을 수 있고 급할 때도 고요한 마음을 갖게 됩니다. 이렇게 되면 눈으로 대하는 경계는 천차만별이나 마

생활을 하자는 게 참선이지 생활을 여의고 보면
참선이고 불법이고 그 가르침을 어디에 써 먹겠습니까?
우리 생활에 답답함이 있으니까
그 답답함에서부터 빠져나오도록 하는 것이 종교의 근본이 아니겠습니까?
한가하고 마음 편한 사람이 공부하는 것이 아니라,
답답하고 급한 사람이 하는 것이 공부입니다.

음은 하나로 통합니다. 그야말로 목대천차目對千差나 심한일경 心閑一境이지요. 이와 같이 화두 하나로 이 세상을 살아 간다면 마음이 한가하고 여유가 있어 어떠한 경계든지 침착한 마음으로 대결할 수 있는 지혜가 생기고 상대에게 말려들지 않는 기쁨이 있습니다.

이 세상 어떠한 물건도 한 자리에 포개 놓을 수 없습니다. 한 쪽으로 밀어 붙여 놓고 자리를 비워야 그 자리에 놓을 수 있습니다. 그런 이치로 화두를 하나 점령해 놓으면 어디에든 망상이 침투하지 못합니다. 그래서 화두가 바로 마음의 광명이 됩니다. 참선에 익숙해지면 생각이 화두 하나로 집결되기 때문에 마음이 밝고 늘 한가합니다. 참선이란 그만큼 우리 실생활에 이익되는 것이지 현실을 여의고 있는 것은 아닙니다.

산란심을 떨치고 자기 발견의 길로

세상은 사람들이 탐진치 삼독에 끄달려서 온갖 일을 저질러 너무 어지럽습니다. 그런데 오늘날의 문화는 온갖 끄달림이 낳은 다多에만 집중하여 본래 모습인 하나[一]를 돌아 보지 못합니다. 그 수많은 다多를 좇다 보니 신경이 항상 복잡하고 괴롭지요. 하나로 집중하면 그것이 본래 다多가 아닌 하나라는 논리를 알기 때문에 이 세상 어떠한 복잡함을 대해도 마음은 항상 한가해서 하나를 잃어 버리지 않습니다.

그런데도 모두들 다多로만 흘러가 하나를 잃어 버리기 때문에 항상 투쟁이 일어 나고, 그러한 현실에 갈팡질팡하며 죄업에 끄달려 가는 것입니다.

우리가 밤에 잠을 잘 때 보면 어떤가요? 그 짧은 시간에 온갖 생각이 곳곳으로 흩어져 별별 꿈을 다 꿉니다. 그렇게 한참 꿈을 꾸고 일어나면 몸이 찌뿌드드하지요. 잠을 많이 잤다고 해도 어지럽고 뭔가 기분이 상쾌하지 않습니다. 그러나 일상 생활 속에서 참선을 하게 되면 모든 마음이 하나로 집중되어서 잠깐 앉아서 졸아도 머릿속이 시원해집니다. 이렇게 머리가 항상 시원해지면 모든 산란심이 가라 앉아 자기를 발견하게 됩니다.

참선의 이치는 생활의 순간 순간이 바로 그렇게 밝고 시원하게 진행되는 데 있습니다. 이 이치를 알아 우리의 생활이 그대로 참선이 되도록 합시다.

對境千差心開一境

曉陽山人 西廣

휘호로 보는 큰스님 말씀

對境千差 心閑一境 (대경천차 심한일경)

선禪의 진수·I

봉암사에서 결제를 맞이하는 남자들에게

아는 것을 넘어 화두일념으로

모르는 줄만 알면 공부가 저절로 된다

이 공부는 뭘 이야기하고 듣고 보고 배우는 공부가 아닙니다. 모든 사량분별思量分別의 세계, 아는 세계를 다 쓸어 버리는 공부입니다. 세상의 모든 공부는 전부 지혜를 곤두세워서 배우고 연구하고 따지는 공부지만, 이것은 각도가 다른 공부여서 모여 앉아 이야기할 것도 없습니다. 도리어 뭘 따지고 알려고 하는 것이 이 공부에는 큰 장애입니다. 그래서 선방禪房에 들어 오려면 '입차문래入此門來 막존지해莫存知解'라. 알음알이 지식, 자기가 경험하여 아는 세계를 다 집어던져야 합니다.

아는 것이 병입니다. 참으로 모르는 줄만 알면 공부가 저절로 됩니다. 그런데 다생에 익힌 알음알이가 습관이 되어 공부를 방해하는 것입니다. 모르고 막히는 데로 가야 합니다. 다른 것은 아무것도 없습니다.

'은산철벽銀山鐵壁이라.' 앞에 철산이 꽉 막혀서 더 이상 갈 데가 없는 곳까지 간다는 뜻입니다. '백척간두진일보百尺竿頭進一步라.' 천 길 낭떠러지 위에서도 한 발 더 내디딜 줄 아는 것이 장부라고 했습니다. 그것이 바로 화두 아닙니까? '의단독로疑團獨露'라, 꽉 막혀 버렸으니 오로지 화두만 있을 뿐입니다. 다만 이것을 우리가 깨느냐 깨지 못하느냐 하는 문제만 남습니다.

우리가 천하 것을 다 아는 것 같아도 뒤집어 물으면 누구나 금방 막힙니다. 그 안다는 것은 수박 겉핥기 식으로 자기가 생각으로 따져서 이리 알고 저리 알고 둥글게 알고 모나게 알고 온갖 아는 것을 스스로 만들어 내는 것이라 조금만 깊이 들어 가면 아는 것이 하나도 없거든요. 그러니 사실 화두 아닌 것이 없습니다. 먼지 한 종자, 풀 한 포기를 제대로 아는 것이 있습니까? 혹 이름이나 조금 알까 실상은 하나도 아는 것이 없습니다. 그야말로 의단독로입니다. 세상 살면서 전부 아는 양하고 또 알려고 하지만, 사실은 아는 것이 없으니 꽉 막힐 수밖에 없습니다.

보통 우리의 의식에는 모두 미세한 알음알이 세계가 작용합니

다. 그것을 불교 이론으로 말라식이니 아뢰야식이니 하는 문자를 붙입니다만 정신을 맑히고 정진하면 그런 미세한 생각이 일어 나는 것이 보입니다. 그때 그런 미세한 생각까지도 다 털어 버리고 깊이 들어 가야 합니다. 그러면 저절로 꽉 막혀서 그만 시간도 공간도 초월하는 곳으로 가게 됩니다. 그게 화두입니다. 부처님께서 보리수 아래에 앉아 6년 동안 명상에 잠겼다는 것도 화두일념이 된 것입니다. 그러니 6년이 언제 지나간 줄 모르지요. 이렇게 이리저리 나다니던 생각이 한 군데로 정돈되어서 일념삼매로 화두를 깨치는 것을 견성오도見性悟道라 합니다. 한마디로 꿈을 깨는 것입니다.

참선이란 이렇게 간단한 행위입니다. 팔만 사천 경전을 종으로 횡으로 뚫어서 이 세상 이치에 막힘이 없다 하더라도 그것은 바닷가에서 모래알 세는 것과 같아 몇 푼어치도 되지 않습니다. 참으로 영리한 사람은 대번에 그 아는 것을 다 젖혀 버리고 꽉 막혀 버립니다.

우리가 공부하는 방법은 그 한 가지뿐입니다. 그렇게 화두만 하려고 노력해야 합니다. 진실하게 모를 때 다른 생각이 일어 날 수 없습니다. 자나 깨나, 앉으나 서나, 움직일 때나 고요할 때나, 잠잘 때나 꿈속이나 항상 그 의심 하나로 꽉 차 있는 것, 그것이 참선하는 태도입니다.

결심이 서면 망상은 저절로 녹는다

초학자들은 다생에 익힌 습관이 작용해서 자꾸 생각을 따라다니다가 시간을 보내는 수가 많습니다. 꼬리에 꼬리를 물고 일어나는 생각 속에 앉아서 마음이 머트럽고 딴 데로 달아 나는 도거掉擧와 마음이 어둡고 답답해지는 혼침昏沈 속에서 왔다갔다 합니다.

그러나 큰 용기를 내면 마침내 의단독로가 됩니다. 목에 칼을 들이대도 죽기 살기로 한번 해 보는 큰 용기를 내야 합니다. 참선은 용기가 아니면 뚫어내지 못하는 공부입니다. 생사를 판단하는 그런 문제를 어떻게 미지근한 평상심으로 해결할 수 있겠습니까? 비상한 마음이 아니면 뚫어 내지 못합니다. 그러니 공부하는 사람은 항상 칼날 같은 비상한 생각을 일으키도록 노력해야 합니다.

공부를 안 하려면 몰라도 생사윤회를 끊어 버리고 꿈을 깨겠다고 한다면 앉으나 서나 24시간 항상 화두를 붙잡아야 합니다. 첫번에 화두일념이 안 되더라도 자꾸 염념발심念念發心해서 화두를 붙잡아야 합니다. 내가 왜 머리 깎고 먹물옷 입고 선방에 앉아 있느냐 하는 자기 자리를 반성해 보면 다 까닭이 있지 않습니까? 모든 것을 포기하고 여기에 들어와 앉았으면 이 문제를 해결하겠다는 그런 결심을 잠시도 여일 수 없습니다. 결심이 딱 서면 말이나 망상은 저절로 녹아 버립니다. 그야말로 화두일념으로 의심이 될 수밖에 없습니다. 옛날 스님들도 대분심大忿心, 큰 용기를 갖고 했습니다. 견성오도見性悟道한다는 것이 그야말로 이 생사의 윤회를 끊어 버리는 비상한 생각이 아니고서는 접근할 수 없습니다.

화두는 마치 불꽃과 같습니다. 불꽃 위에는 아무것도 앉을 수가 없듯이 화두 앞에서는 온갖 생각들이 다 타 죽어 없어지고 맙니다. '이 뭣고'를 한다든지 '정전백수자庭前栢樹子'를 한다든지 '무無'자를 한다든지 어쨌든 화두만 잡고 있노라면 일체 사량이 끊어져 버립니다. 무슨 망상이 일어날 틈이 없습니다. 화두라는 불꽃에 일체 사량분별이 다 녹아 없어져 버린다는 것입니다.

이 한 철 동안 이것 하나는 반드시 해결하겠다는 용기를 세우셔야 합니다.

화두 흔들리지 않게

공부인은 대중 처소에 살아도 항상 고봉 정상의 감옥 속에서 혼자 사는 정신을 가져야 합니다. 혼자 사는데 허공하고 이야기하겠습니까? 이야기할 건덕지가 없습니다. 일상 생활을 위해 부득이 꼭 필요할 때만 말하는 것을 묵언默言이라 합니다. 무조건 말 안 하는 것이 묵언이 아닙니다. 이야기를 할 때에도 화두가 흔들리지 않아야 하고 다른 사람의 화두도 움직이지 않도록 하는 것이 묵언입니다.

보이는 것도 보지 않고 들리는 것도 듣지 않습니다. 따로 묵언默言한다는 말 자체가 어찌 보면 우스운 소리지 저절로 묵언이 됩니다. 하나를 골몰하면 옆에서 쓸데없는 소리를 아무리 하라고 해도 할 수가 없거든요. 딴 이야기 하면 벌써 공부를 놓았다는 말입니다. 그러니 비록 대중 처소에 있긴 있어도 항상 혼자 있는 것과 같이 조용합니다.

결재 기간 동안만이라도 화두를 놓치지 말고 해 봅시다. 내가 하루 24시간 동안 얼마만큼 화두를 뚫어 봤는가, 얼마나 놓쳤는가를 자꾸 점검해야 합니다. 놓칠 때마다 깜짝깜짝 놀라면서 다시 화두를 붙잡아야 합니다. 그래서 옛날 스님네들은 졸음이 오면 송곳으로 허벅지를 찌르고 목에다 칼날을 들이대고 공부했습니다. 그것이 바로 용맹심입니다.

용맹심을 가지고 일념삼매로 하면 누가 깨치지 못하겠습니까? 망상 피우고 엉뚱한 생각을 하기 때문에 안 되는 것이지 일념삼매만 된다면 견성하지 못할 사람이 없습니다. 옛날에 어떤 스님께서는 만약에 삼일이나 칠일 동안 화두가 순일純一하게 되어서도 견성하지 못하는 사람이 있다면 거짓말한 죄로 무간지옥이나 발설지옥에 떨어진다고 맹세하시는 말씀도 하셨습니다.

단순히 잠 안 자고 한다고 꼭 용맹정진이 아닙니다. 일체 사량 분별이 틈을 뚫고 들어 오지 못하게 하는 것이 용맹정진입니다. 창문에 틈이 생기면 비가 새듯이 마음에 틈이 생기면 그 틈을 타고 온갖 망상이 죽 끓듯 튀어나옵니다.

다만 화두에 모든 것을 다 맡기십시오. 생명도 맡기십시오. 옛 스님들처럼 그렇게 하면 저절로 화두가 됩니다. 부처님도 온갖 사람들에게 다 물어 봐도 문제가 풀어지지 않자 홀로 보리수 아래에 앉아 모든 생각을 하나의 의심 덩어리 안으로 녹여 버리고 나서 깨달음을 얻으신 것입니다. 그 생각의 뭉치가 바로 화두입니다. 부처님이나 옛 스님들이 이미 그 지름길을 개척해 놓은 것이니 우리는 화두만 하면 됩니다. 이론 따질 것 없지요. 과거에는 동서남북을 더듬어 가지고 겨우 화두하는 데로 통했지만, 우리는 조사 스님네를 통해 화두만 하면 그만입니다.

화두를 놓칠 때는 내가 삼계를 윤회하고 떠내려 갈 때이고, 또 화두를 할 때에는 생사를 논하는 언덕에 가깝게 간 것이지요.

비상한 각오래야 비상한 도리로 가는 것이지,
삼계가 항상 윤회하는데
할 것 다 하고 평상심으로는 도저히 안 됩니다.
그저 물에 물 탄 듯이 미지근해서는 절대 이루어지지 않습니다.
과거에 조사 스님들도 다 그런 뼈를 깎는 공부를 하고
죽을 고비를 몇 번씩 넘기고 이룬 것이지,
비틀비틀 하는 도인은 하나도 없습니다.

열심히만 하면 누구나 된다

열심히 공부하는 사람은 며칠 안 되어도 모두 공부하는 길을 얻는 것이고 '오늘은 어떻고, 내일은 어떻고' 하면서 비틀비틀 적당히 보내는 사람은 몇 철을 지내도 공부에는 진척이 없습니다. 그러나 열심히만 한다면 사실 딴소리 필요 없습니다.

혼자 있으면 게으르고 졸더라도 누가 붙들어 줄 도반이 없습니다. 토굴에서 혼자 공부하기도 하지만 선방에서 이렇게 함께 공부를 하는 것이 필요합니다. 옆에서 도반들이 같이 정진하는 그것이 자연스런 경책이 됩니다.

그렇게 한철만 원없이 지낸다면 성취 못 할 사람이 어디 있겠습니까? 스스로 정진하는 힘이 약해서 못 하는 것이지 노력하면 다 됩니다. 물론 하다가 안 될 때도 있겠지요. 그러면 어떤 방편을 써야 그 혼침과 도거를 벗어 날 수 있는지 선지식을 찾아 묻기도 하면서 새롭게 화두를 다잡아 보는 노력이 필요합니다.

첫째는 용맹심입니다. 용맹심이 없이는 화두가 되지 않습니다. 옛날 사람 다르고 요새 사람 다르지 않습니다. 스스로 경책하는 비상한 각오가 아니면 성취가 어렵습니다. 비상한 각오래야 비상한 도리로 가지, 삼계가 항상 윤회하는데 할 것 다하고 평상심으로는 도저히 안 됩니다. 그저 물에 물 탄 듯이 미지근해서는 절대 이루어지지 않습니다. 과거에 조사 스님들도 다 그런 뼈를 깎는 공부를 하고 죽을 고비를 몇 번씩 넘기고 이룬 것이지, 비틀비틀 하는 도인은 하나도 없습니다.

그런 비상한 각오로 이제 석 달 동안은 세상 소리도 안 듣고 산문출입도 안 하면서 모든 어려움을 감수하며 어떻게 해서든지 이번 한 철은 내가 이 문제를 해결하고야 말겠다는 결심을 가지고 하셔야 합니다. 그런 피나는 정진이 아니고서는 안 되는 법입니다.

휘훈로 보는 론~남쓸 믐쏨 如鷄抱卵 (여계포란)

마음, 마음, 마음

구하려 하면 어긋나네

心心心難可尋 寬時遍法界 窄也不容鍼
我本求心不求佛 了知三界空無物
若欲求佛但求心 只這心心心是佛
我本求心心自待 求心佛得待心知
佛性不從心外得 心生便是罪生時

우리에게 잘 알려진 달마 스님 법문이지요.

心心心難可尋

마음이란 것을 항상 쓰면서도 그게 참 찾기 어렵습니다. 웃는 것도 마음이요, 우는 것도 미워하는 것도 슬퍼하는 것도 마음 아닌 것이 없습니다. 이렇게 항상 쓰면서도 경계에 따라 막혀서 답답한 것은 그 마음의 정체를 찾아 내기 쉬운 일이 아니기 때문입니다.

寬時遍法界

마음을 넓게 쓰면 우주법계에 두루 하지 않은 것이 없습니다. 마음을 내놓고 우주는 없습니다. 제 아무리 끝없다는 우주도 마음에서 일어 나는 것이지 내 마음이 없는데 우주가 어디에 있겠느냐 말입니다. 마음은 형단形段이 없기 때문에 한계가 없습니다. 환한 우주 공간도 전부 마음에서 일어 나는 것이지 어디 마음 밖에 우주가 설 수 있겠습니까? 마음은 끝도 한계도 없는 것이니까 마음보다 더 큰 물건은 있을 수 없습니다. 아무리 우주가 넓다 해도 마음의 바다에서 일어난 한 방울 거품 같은 존재입니다.

窄也不容鍼

그렇게 우주를 토해 내는 넓은 마음이지만, 그것을 좁게 쓰면 바늘 하나 꽂을 데도 없습니다. 형단이 없기 때문에 좁게 쓰면 이건 도무지 바늘 구멍만도 못합니다. 바늘 구멍 속에 내 마음을 집어넣어도 어디 갔는지 보이지 않는다는 말입니다.

我本求心不求佛

내가 이 마음 하나 해결하려고 하지 무슨 뚱딴지 같은 바깥의 부처나 다른 위대한 존재를 구하는 것이 아닙니다.

了知三界空無物

이 욕계·색계·무색계까지 우주 전체가 다 허깨비입니다. 그 우주 만유가 생기기 전부터 자기라는 것이 있었습니다. 태란습화 사생이 다 근본은 똑같습니다. 작은 버러지라고 이 근본 자리가 작은 것은 아닙니다. 그 자리는 부처니 중생이니 하는 이름조차 붙지 않는 절대 평등한 자리입니다. 따라서 부처에 매달리면 그 것 역시 해탈은 아닙니다. 부처의 종이 되어도 그것은 벌써 구속이요, 극락이나 천당에 가려고 집착하는 그것도 벌써 구속이 아닙니까? 부처고 천당이고 일체 명상명상이 붙지 않는, 이 우주가 생기기 전부터 있어 온 자리입니다. 그러니까 욕계·색계·무색계 삼계가 다 허깨비 그림자라는 말입니다.

若欲求佛但求心 只這心心心是佛
我本求心心自持 求心佛得待心知

만약 참말 부처의 세계를 구하려고 한다면 마음을 찾아야 합니다. 본시 있는 그 마음이 곧 불심이니까요. 없던 놈이 중간에 생긴 것이 아니라, 본시 우주 만유가 생기기 이전부터 있던 그 마음이지요.

구하려 하면 벌써 그게 어긋나 버립니다. 구해서 얻어지는 것이 아닙니다. 마음 구하기를 기다려서 얻어지는 것이 아니라 본시 그 마음이었단 말입니다.

佛性不從心外得

내 부처는 마음 밖에서 얻어지는 것이 아닙니다. 마음 하나 가지고 하는 것이지 마음 밖에 있는 것이 아니라는 말입니다.

心生便是罪生時

내가 마음을 일으키면 벌써 마음에서 벗어나 허물이 있다는 뜻입니다.

참으로 간결한 법문이지요.

그러나 이런 법문을 이론적으로만 백날 알아 가지고는 아는 것이 아닙니다. 그러니 오늘 이 이야기하는 것도 사실은 공연한 평지풍파로 여러분들 공부 손해 보는 시간입니다.

꿈 깨듯이 스스로 깨쳐 그 경지에 들어 가야 되지 따져서는 안 됩니다. 화두라는 것은 억지로라도 그 경지에 들어 가는 묘방妙方이지요. 그야말로 일체 생각을 다 부숴 버리는 아주 묘한 조화 법문입니다. 그렇기에 화두만 순일하면 안 들어 갈래야 안 들어 갈 수 없이 그대로 깨쳐 버린다는 것입니다. 다른 방법이 없습니다.

화두냐, 마구니냐

念起念滅 謂之生死
當生死之際 須盡力提起話頭
話頭純一 起滅卽盡 起滅卽盡處 謂之寂
寂中無話頭 謂之無記, 寂中不昧話頭 謂之靈
卽此空寂靈知 無壞無雜 如是用切 不日成之

선가에서 자주 인용되는 나옹 스님 법문입니다.

念起念滅 謂之生死

생각 한번 일으키고 생각 한번 사라지는 그것이 나고 죽는 법입니다. 생각 있는 중에 나고 죽는 것이지요. 나고 죽는다는 것이 다른 것이 아닙니다. 그래서 일찰나 간에 구백생멸이라는 말이 있습니다. 몇 십 년 일평생을 살면서 나고 죽는 것이 나고 죽는 것이 아니라, 생각 한번 움직이는 그것이 나고 죽는 것임을 분명히 알아야 합니다.

當生死之際 須盡力提起話頭

이 나고 죽는 때를 당해서 힘을 다해 화두를 잡아끌어야 합니다.

話頭純一 起滅卽盡

　그렇게 해서 화두가 순일하게 되면 기멸심은 저절로 끊어집니다. 그렇지 않겠습니까? 화두 하나가 순일한데 그 무슨 기멸심이 붙을 수 있겠습니까? 똑같은 위치에 다른 것이 들어 올 수는 없습니다. 그 놈을 밀어 붙이든지 덮어 씌우든지 해야지 그냥 들어 올 수는 없지요. 따라서 화두가 떡 점령하고 있을 때는 마구니가 얼씬 못 하고, 마구니가 점령할 때 화두가 달아 나고 없는 것은 당연합니다.

　　起滅卽盡處 謂之寂

　화두가 순일하여 기멸심이 끊어지고 나면 조용합니다. 우리가 어지러운 것은 다 이 기멸심 때문이거든요. 지나 가는 망상, 과거에 알았던 미세한 알음알이들이 떴다, 가라앉았다 어지럽게 작용하니까 머리가 복잡하고 분주한 것입니다.

　　寂中無話頭 謂之無記, 寂中不昧話頭 謂之靈

　기멸심이 끊어져 조용한 것은 좋은데 까딱 잘못하면 무력해지는 도리가 있습니다. 그것을 무기공無記空이라 합니다. 그저 아무 생각 없이 우두커니 멍청한 것으로는 안됩니다. 적적하고 산란심이 없는 조용한 가운데에도 변함없이 화두가 순일해야 합니다. 그때 영특한 기운이 뜹니다.

　　卽此空寂靈知 無壞無雜 如是用切 不日成之

기멸심 없는 공적함과 영특한 기운이 무너지지도 않고 잡되게 뒤섞이지도 않아야 합니다. 그렇게 애를 쓰면 하루도 안 되어 성취가 됩니다.

분심이 서면 혼침도 망상도 떠난다

빗자루로 쓸어 내간다고 어둠이 사라지지 않습니다. 불만 켜면 밝아지지요. 모르는 것이 꽉 막혀 은산철벽이 될 때에 비로소 참으로 알아집니다. 한마디로 깨쳐 버리는 것이지요. 그렇게 모르는 곳으로 몰아 넣어 멍텅구리가 되어야 합니다. 따지고 연구하고 알기를 기다려서는 안 됩니다. 꽉 막혀 그저 모를 뿐이어야 합니다. 그렇게 모르는데 따지고 망상 피울 것이 무엇이 있겠습니까? 나도 없고 우주도 없는 그야말로 백척간두에 서서 '이것이 도대체 무엇인가?' '이 뭣고?' 하고 붙들어 보십시오. 거기서 조금만 어긋나도 삼만 팔천 리가 어긋나지만 그렇게 화두 붙들고 놓치지만 않는다면 하루도 안 되어 성취한다 그랬습니다.

가장 가까운 놈인데 어떻게 볼 수 없겠습니까? 안 되는 원인은 자꾸 바깥으로 헤매고 망상하고 무기無記에 떨어지고 혼침에 빠져 왔다갔다해서 그렇습니다. 어지러운 것을 건져 내어 조용한 것은 좋은데 그만 조용한 혼침에 빠져들어 가서야 되겠습니까?

어지러운 것을 건져 내어 조용한 것은 좋은데
그만 조용한 혼침에 빠져들어 가서야 되겠습니까?
물에 빠진 사람을 건져 내니 불에 뛰어드는 것처럼 되어서야 안 되겠지요.
혼침에 들어 가나 도거에 들어 가나 물에 빠지기는 마찬가지입니다.
도거와 혼침을 다 걷어 내야 합니다.
그런 용기가 아니면 안 됩니다.

휘호로 보는 윤시남 말씀 鳥飛毛落 (조비모락)

물에 빠진 사람을 건져 내니 불에 뛰어드는 것처럼 되어서야 안 되겠지요. 혼침에 들어 가나 도거에 들어 가나 물에 빠지기는 마찬가지입니다. 도거와 혼침을 다 걷어 내야 합니다. 그런 용기가 아니면 안 됩니다. 목에 칼이 있는 것처럼 분심이 일어 나서 공부를 하면 혼침이 올 수도 없고 망상이 올 수도 없습니다.

이생에서 한 번 깨쳐 보세

공부 이외의 일은 털어 버리고

옛날 스님들도 항상 용기 하나 가지고 공부를 했습니다. 급하면 다 용기가 생깁니다. 그런데 우리의 생사가 얼마나 급합니까? 아무리 혈기방장한 것 같아 보여도 언젠가는 죽는 것이거든요.

머리에 붙은 불 끄듯 해야 합니다. 머리에 불이 붙으면 만사를 제쳐 놓고 불 먼저 끄겠지요. 그렇듯이 우리가 아무리 이것이 중요하니 저것이 중요하니 해도 내가 이 삼계에 떠내려 가지 않는 방법을 구하는 것만큼 중요하지는 않습니다. '인신난득人身難得이요, 불법난봉佛法難逢이라.' 하는데 우리가 다행히 사람 몸 받았고 불법을 만났습니다. 어지간한 복 가지고는 선방 문고리도 잡기 힘들다고 했습니다. 천재일우千載一遇지요. 이럴 때 우리가 용기를 내서 이 문제를 해결하지 않으면 언제 어디 가서 해결하겠습니까? 천재일우로 이 불법 세계 만났으니 만사를 떨치고 내 몸은 없이 오직 화두에만 매달려 보는 것입니다. 열심히 하면 무슨 석 달씩 할 것 있겠습니까? 한 달도 못되어 그까짓 것 다 볼 수 있습니다.

문제는 용기입니다. 쓸데없는 소리를 할 수 없지요. 쓸데없는 이야기를 한다 그러면 벌써 내 마음이 흐려진 것입니다. 공부를 안 하니 그렇다는 것이지요. 공부를 한다면 누가 말을 걸어 와도 부득이 마지못해 대답하면서도 화두 달아날까 봐 더 정력을 모아야 될 판인데 어떻게 말에 따라 자꾸 말을 만들겠습니까? 그래서 공부를 하면 누구나 묵언默言이 됩니다. 부득이 말을 할 때도 이 말하는 것에 마음이 흔들리지 않고 화두를 놓치지 않게 조심해서 말을 하니 자연히 조용합니다. 그야말로 묵묵한 말이지요. '잠잠할 묵默' 자거든요. 잠잠하다는 것은 벙어리가 되는 것이 아니라 어지럽지 않아 산란심이 없는 상태를 말합니다.

말뿐 아니라 먹는 것도 살펴서 항상 덜 차게 먹어야 합니다. 아무리 맛좋은 음식이 있어도 내가 이만하면 몸을 지탱하겠다 하는 정도에서 그쳐야지 입맛에 따라 가며 먹는다면 그것 역시 공부 안 한다는 소리입니다.

쓸데없이 간식하는 것도 그렇습니다. 또 차 달여 마시는 것도 필요없는 일입니다. 도시에서야 물이 나쁘니 혹 차도 달여 마셔야겠지만 이런 산속에서야 차가 아무리 좋아도 자연의 물만 하겠습니까? 차를 달여 먹니 무엇하니 하는 그런 것에 마음 쓸 여력이 없거든요. 그야말로 공부 이외의 일은 털어 버리고 자연스럽게 해야 합니다. 그런 실생활이 바로 공부입니다. 이 실생활에서 우리 정신이 흔들리지 않게끔 노력해야 합니다.

죽을 각오로 한 용맹정진

예전에 금오 스님과 동안거 한 철을 보내면서 정진했을 때의 이야기를 참고로 하겠습니다. 결재가 열흘도 안 남았을 때였지요. 금오 스님이 우리들 보고 지리산 칠불에 모두 모이라고 했어요. 그래 모두 가니까 쓸쓸한 절에 아무것도 없었어요.

그때 금오 스님께서 말씀하시기를 '좋은 도량에 와서 그냥 갈 수가 있겠는가. 납자가 이렇게 십여 명 모였으니 여기서 한바탕 정진하자. 공부란 보통 정신으로 안 된다. 그야말로 죽을 각오로 해보자. 우리가 싸우다가 진심에 죽고, 온갖 물건에 욕심내어 그 탐심에 죽고, 또 색심에 죽고, 가지가지 중생업으로 한없이 죽어 왔다. 무시 이래로 이렇게 한없이 생사의 바다에 끌려 왔는데 공부하다가 죽진 않았을 테니 죽을 각오로 한 번 해 보자. 혹 공부하다 죽는다 해도 악도惡道에는 안 떨어진다. 그것은 내가 보장하겠다.' 이렇게 제안을 하셨지요.

그러자 모두 좋다고 호응을 했습니다. 그래서 동안거를 준비하려고 보니 열흘도 안 남았는데 아무 식량도 땔감도 없었어요. 그러니까 금오 스님께서 '식량이야 언제든지 부처님이 우리에게 물려준 탁발법이 있으니까 그렇게 하면 되겠고, 제일 나이 많은 나는 산에 남아 삼동나무를 베어야겠다. 그러니 이제 스님네들은 식량을 구해 와라.' 라는 의견을 내셨습니다. 그러자 스님네들은 그에 따라 둘셋씩 조를 짜서 넉넉잡아 한 보름 작정을 하고 대구로 광주로 사방으로 탁발하러 나갔지요.

요새는 차가 들어 가지만 그때는 그 밑에 화계사, 쌍계사 쪽으로 걸어 왔는데 사실 동냥하는 것도 정진이라 모두가 환희심이 나서 했지요. 그렇게 해서 몇 말씩 동냥한 것을 걸머지고 칠불로 돌아오니 반철이 거의 지나 갔어요. 모두 모이자 금오 스님께서 말씀하셨지요.

"탁발해 온 것을 모두 모아 보니 그만하면 실컷 살게 되었고, 나도 삼동나무를 해놓았으니 한철 넉넉하게 되었다. 그러니 나머지 기간은 용맹정진하자. 물론 지금까지 한 탁발도 사실은 다 정진이다. 그런데 내가 그전에 해 보니 이 용맹정진을 하다 보면 아직 업력을 못 바꿔서 졸았느니 안 졸았느니 하여서 시비가 나고 싸움이 나기도 한다. 그러니까 아예 정진하다 죽어도 좋다는 서약서를 쓰자. 그래야 만약에 누가 죽어 경찰서에서 문제삼더라도 해결이 될테니······."

그러자 모두들 그것이 좋겠다며 친필로 '공부하다가 죽어나도 좋다.' 라는 서약서를 쓰고 도장도 찍고 지장도 찍어 그것을 금오 스님께서 거머쥐셨습니다. 금오 스님은 눈이 동그랗고 달마 스님같이 참 용기있게 생기셨거든요. 그러니 열흘 동안 혼자 삼동나무를 다 준비해 놓았지요. 그렇게 용기있는 모습으로 몽둥이니 온갖 기구를 한나절 준비해서 옆자리에 한 짐 깎아 세워 놓았습니다. '아차' 하면 두들겨 맞는 것입니다. 지금 생각해도 삼엄했지요.

그러니 죽기로 작정하고 한 것입니다. '우리 한 번 죽어 보자.' 이거지요. 그렇게 해서 공부를 하는데 일주일 동안은 눈 깜빡하는 사람도 없었습니다. 용맹정진하면 보통 사흘 밤낮은 모두 끄떡끄떡 조는데 그렇게 다부지게 생각을 하고 앉으니까 일주일이 지나는 동안에 까딱하는 사람이 하나도 없었습니다.

생각이란 참 무섭지요. 죽기로 작정하고 하니까 용기가 그렇게 폭발하는 것입니다. 누구든지 졸면 나와 가지고 잠이 깰 때까지 맞기로 했습니다. 시계가 울리면 그때 소변보러 가고, 오 분

전에 다 들어와 앉아야 한다는 식으로 여러 규칙들을 만들어 놓았습니다.

그렇게 일주일이 지나니까 더러 조는 사람이 생겼습니다. 한 이칠일, 삼칠일 간격으로 많이 졸게 됩니다. 이칠일 못되어 몇 사람이 못배겨 달아 났는데 달아 나면 잡아 오기로 규칙을 만들었기 때문에 다들 찾으러 나갔지만 눈이 허벅지까지 빠지는데 달아 난 사람을 어떻게 찾겠습니까? 결국 못 찾고 돌아 왔지요. 또 어떤 사람은 힘드니까 행패를 부리기도 했지요.

한 번 졸음에 빠지면 약 먹은 고기같이 비틀비틀 하니 우습지요. 소변보러 가서 그냥 조는가 하면 추운 줄도 모르고 그 눈덩이 위에 자빠져 코를 골면서 자기도 합니다. 그러나 전혀 못 자게 경책을 합니다. 졸게 하면 안 된다 그거지요.

안 두들겨 맞은 사람이 하나도 없었습니다. 원체 졸려 놓으면 여간 때려서는 감각도 없어서 홍두께 그을음이 나도록 때립니다. 그래도 안 되면 찌른다 어쩐다 하면서 갖은 방법으로 못 자게 합니다. 그렇게 해야 효험이 있다 그겁니다. 졸고 앉아 있으면 그까짓 게 무슨 소용이 있겠습니까.

그렇게 삼칠일 지나고 한 달 이상 넘어 가니까 정신이 그렇게 맑아지거든요. 다부지게 하면 정신이 맑아져요. 졸음이 올 때는 정신 없다가도 그 고비만 넘어 가면 그렇게 쾌활하고 맑을 수가 없습니다. 그래 모두 좋아서 그냥 날아 갈 듯한 기분이었지요. 그렇게 단련하니까 거기서 얻은 사람이 많았습니다. 그동안은 용맹심이 없어서 못 뚫은 거였지요.

물론 그건 억지지요. 억지로 한 것이지만 그것이 용기입니다. 죽기 살기로 한다는 것 자체가 용기 없으면 안 되는 것입니다.

하화중생을 향한 염원으로

대신심과 대분심과 대의단이라. 분심이란 분한 생각, 바로 용기를 말하는 겁니다. '한 번 죽어 보자,' 그런 용기가 필요합니다. 그야말로 죽을 고비를 넘기지 않고는 안 되는 일입니다. 용기만 있으면 우리가 한 철 동안 그걸 어떻게 모르겠습니까?

그래서 때로는 공부하는 데 환경이 나쁜 것이 오히려 도움이 됩니다. 요즘은 너무 먹을 것도 많고 풍족해서 오히려 공부가 안 됩니다. 배고프면 흐르는 물 한 그릇 떠먹어도 맛이 있습니다. 단식하면 몸에 병도 없어지는데 적게 먹는 것이 도움이 됩니다.

옛날에는 모두 며칠 굶는 것이 보통이었습니다. 혀끝의 맛에 탐착해서 산다면 중생놀음밖에 못 합니다. 절대 배부르게 먹어서는 안 됩니다. 아무리 먹을 것이 많아도 위장의 칠부나 팔부 정도면 족하고 또 간식도 하지 말고 공부에 전념해 봅시다. 뭐든지 이

한 철 동안 내가 꿈을 꼭 깨겠다는 결심만 굳게 선다면 안 될 것이 없습니다.

여기저기 어지러운 지금, 도인이 많이 나와야 합니다. '상구보리上求菩提 하화중생下化衆生이라.' 여러분 개인의 공부도 중요하지만 이 나라 국민으로 태어 나서 헤매는 중생을 모두 제도해야 하기 때문에 더욱 그런 굳은 결심과 용기를 갖고 어떻게든 이 한 철 내 정체를 한번 알아 내도록 합시다.

다행히 여기 봉암사는 공부하는 조건이 좋습니다. 더구나 아무도 드나들지 못하니까 공부하는 조건으로 이보다 더 나은 곳이 없습니다. 여러분이 굳게 결심해서 이번 동안거 동안에는 출가한 근본 목적을 달성해 보겠다는 용기만 안 잊는다면 반드시 성취가 있을 것입니다.

초학자가 아는 길도 물어 간다고, 혹 의심이 있으면 언제든지 와서 묻기도 하고, 또 정진을 하다가 조는 사람이 있으면 옆 사람이 꼬집어 주고 누구든지 잘못됐다 싶으면 지적해 주도록 하십시오. 그게 도반 아닙니까? 나를 칭찬하고 비위를 맞추는 사람보다 나를 욕하고 나를 괴롭히는 사람이 스승입니다. 잘하는 것은 가만두고 못하는 것을 지적하는 것이 바로 도반의 은혜입니다. 공부의 반 이상은 도반들이 해주는 겁니다.

어떻게든지 공부를 성취하는 것이 우리 부처님 은혜를 갚는 것

쓸데없는 이야기를 한다 그러면 벌써 내 마음이 흐려진 것입니다.
공부를 안 하니 그렇다는 것이지요.
공부를 한다면 누가 말을 걸어 올 때
부득이 마지못해 대답하면서도 화두 달아날까 봐 더 정력을 모아야 될 판인데
어떻게 말에 따라 자꾸 말을 만들겠습니까?
그래서 공부를 하면 누구나 묵언默言이 됩니다.

휘훌털뛰는 늠름한 마음 廓徹大悟(확철대오)

입니다. 모쪼록 이번 삼동은 좀더 값 있고 뜻있는 한 철이 되도록 이를 물고 한 번 정진해 보도록 합시다.

선禪의 진수 · II

조계사에서 일반 대중에게

자신의 문제에 몰두하는 법

가르침을 받고자 헌신한 3년

옛날 임제 스님은 황벽 스님 밑에서 3년 동안 행자 노릇을 했습니다. 도인을 만나야 도를 배울 것 같아서 도인이라 이름난 스님을 찾아 간 임제 스님은, 큰스님께 높은 가르침을 받고자 그분이 밥을 하라면 밥을 하고 빨래를 하라면 빨래하면서 열심히 살았습니다. 마치 입 속의 혀같이 스님이 시키는 대로 아무런 불평 없이 3년을 살았지요. 이렇게 큰스님 시봉하며 행자 생활한다는 것이 보통 힘든 일이 아닙니다. 잘한다고 그 품을 받을 수 있는 것도 아니고, 빗돌을 세워주는 것도 아니지요. 품 팔려고 일한 것이라면 하루 품삯을 많이 준다 해도 아마 금방 달아 날 정도로 고

되고 힘든 것이거든요.

그러면 왜 3년 동안이나 종처럼 살면서 그 힘든 시봉을 자청해서 했겠습니까? 그것은 헛된 꿈을 깨고 일체 고통의 그물을 끊어 버리려고 찾아온 자리였기 때문입니다. 한마디로 말해서 스스로 부처되고자 결심하고 찾아온 것이니 여기에 일에 대한 대가로 품삯을 받겠다든지, 공덕비를 원하는 생각이 일어 난다는 것은 사실 말도 안 되는 것이지요. 마음이 답답하고 캄캄하여 괴로운데, 이것을 해결해 줄 사람이라고 믿었기 때문에 그분이 하라는 온갖 심부름을 하면서도 전혀 불평 없이 열심히 시봉하였던 것입니다.

그런데 사실은 그렇게 3년 일한 것이 바로 공부거든요. 품삯 받는 사람은 품삯 받기 위해서 주인 눈치 봐 가면서 일하지만, 이것은 자기 모습을 되찾고자 자기 삶에 열중하는 일이기 때문에 그 일하는 가운데 공부가 되는 것입니다.

말로써는 전할 수 없는 선禪의 도리

그동안 큰스님께서는 한마디도 일러주지 않았고, 또 임제 스님 자신도 묻는 방법조차 몰랐고, 뭘 물어야 한다는 생각도 없이 묵묵히 계속 시봉만 하고 있었습니다.

하루는 어떤 도반이 가만히 보니 이 사람이 도인이 될 근기가 있어 보이는데, 계속 일만 하는 것 같아 물었습니다.

"자네, 그동안 그렇게 열심히 살면서 무엇을 배웠는가? 혹 무엇을 여쭤 본 것은 있는가?"

"한마디도 배운 바가 없습니다."

뜻밖의 질문에 생각에 잠겼던 임제 스님이 이렇게 답하자 그 도반은 다그쳐 말했습니다.

"3년 동안 그렇게 열심히 일했는데 어찌 그럴 수가 있는가. 이 사람아, 오늘은 가서 꼭 여쭤 보게나."

"뭐라고 여쭐까요?"

"아, 그거야 당신이 이곳에 온 목적이 성불하러 온 것이니, 어떻게 하면 마음을 깨칠 수 있고, 어떤 것이 부처의 도리인지 물어 봐야지."

그 말을 듣고 나서 정신이 번쩍 들었지요. '그래 내가 그동안 아무것도 배운 것 없이 시간만 보냈는가?' 하면서 곧장 스님께 찾아가서 절을 하고는 물었습니다.

"어떤 것이 조사가 서쪽에서 오신 뜻입니까?〔如何是祖師西來意〕"

그런데 이 말이 채 떨어지기도 전에 큰스님께서는 주장자로 30방을 내리쳤고, 전혀 생각지도 못하고 앉아 있던 임제 스님은 그대로 맞을 수밖에 없었지요. 모처럼 가르침을 받고자 찾아 간

스님께 한마디도 듣지 못하고 매만 흠씬 맞아 머리에 혹이 잔뜩 나서 쫓겨 났어요. 그래 눈물이 글썽글썽해서 나오는 임제 스님께 아까 그 도반이 묻습니다.

"그래 뭐라고 하시던가?"

"한마디도 못 듣고 두들겨 맞기만 했습니다."

무엇인가 여쭤 보라고 부추기던 그 도반은 이 소리를 듣더니 함구하고 아무 말도 안 했어요. 그런데 당사자는 한 번 실컷 두들겨 맞고 나오니까 그만 분하고 원통한 마음에 밥 짓는 것도 다 집어 치우고 하루 종일 앉아 있다가 잠도 안 자고 다음날 또 가서 물어 봤어요. 오늘은 무슨 말인가 하시겠지 마음먹고 찾아 간 것이지요. 그랬더니 그 날도 역시 두들겨 패셨거든요. 그러기를 사흘 하고 나니까 슬며시 정이 떨어졌지요. 3년 동안 혼신의 힘을 다해서 종노릇을 했는데, 자비스러운 말 한마디도 못 듣고 두들겨 맞기만 했으니 지난 시간이 후회스럽기까지 했지요. 그래서 이제는 아예 떠나 버리고자 인사를 드리려고 스님을 찾아갑니다.

"스님, 저는 가렵니다. 스님하고는 인연이 안 닿는 모양입니다."

그러자 스님은 붙잡지도 않고 말씀하시는 것이에요.

"네가 가려면 아무 데나 가지 말고 대우 스님을 찾아 가거라."

요즘 사람 같으면 이제 화가 나서 떠나려는데 자기 마음 내키

는 대로 가겠지만, 그래도 임제 스님은 순진해서 그랬는지, 그래도 대선지식이 나를 위해 일러주시는 것이다 싶어서 대우 스님을 찾아갔습니다.

일주문을 들어선 임제 스님을 보고 대우 스님께서 묻습니다.

"너는 어디서 오는고?"

"아무 데서 옵니다. 그곳에서 저는 3년 동안 시봉을 하면서 지냈건만 한마디 말씀도 못 듣고 두들겨 맞기만 했습니다. 그 매로 생긴 혹부리가 아직도 아물지 않았습니다. 제게 무슨 허물이 있어 이렇게 맞았습니까?"

"허허, 저런 사람을 봤나. 자네가 여쭐 때, 자네 스님이 노심초사하면서 그렇게 뼈아프게 일러줬건만, 자네가 지금 무슨 허물이 있고 없고 그따위 소리를 하는가!"

대우 스님의 그 소리를 듣고는 꿈 깨듯이 탁 터졌어요. 남쪽에 구름이 모여 북쪽에 비 내리듯이, 3년 공부한 것이 대우 스님의 그 말 한 마디 듣는 거기에서 터진 것입니다. 3년 동안 허물허물 크게 곪아 온 것이 한 날 한 마디 건드리니 그 소리에 깨달았다는 이야기가 임제 스님의 공부한 이야기입니다. 이것이 바로 선의 도리를 지적한 것입니다.

선이라는 것은 말로써 할 수 있는 것이 아닙니다. 죽비 치고 딱 가부좌하고 앉아서 마음을 깨치고 꿈을 깨야 하는 것입니다.

그런데 지금 우리는 꿈속 같은 머리로 꿈속의 얘기를 잠꼬대처럼 듣고 있는 것입니다. 꿈 밖의 이야기가 깨친 세계요, 꿈 깨는 방법이 바로 선입니다. 꿈 밖의 이야기를 듣고자 하면 꿈을 깨야 합니다.

삼독의 마구니를 항복降伏받는 자세

잠꼬대 같은 이 꿈속 세계를 벗어나 꿈을 깨는 방법으로 참선할 때 가부좌를 합니다. 가부좌는 '길할 길吉' 자, '상서로울 상祥' 자를 써서 '길상좌' '상서로운 앉음이다' 라고도 하고, '마구니를 항복 받는 앉음이다' 하여 '항마좌降魔坐'라고도 합니다.

그런데 이 마구니라는 것이 밖에서부터 총을 메고 대포를 몰고 오는 것이 아닙니다. 우리가 성을 내면 그것이 바로 진마瞋魔, 어리석으면 치마痴魔, 욕심이 많으면 탐마貪魔입니다. 이 삼독의 마구니가 하루 종일 우리 살림살이에서 끓고 있는 것이지요. 죽을 때도 사실 무슨 독약을 먹어서 죽는 것이 아니라, 이 탐진치 삼독 때문에 죽는 것입니다. 그런 삼독의 불이 끓어 대는 것이 마구니입니다. 우리가 둔하게 잘 살피지 못해서 그렇지, 조금만 잘 살펴도 삼독의 불이 타고 있다는 것을 알 수 있습니다.

사람들은 늘 욕심 속에서 갈팡질팡 헤매고 있습니다. 요즘 노이로제니 히스테리니 하는 것들이 많이 생기는데, 이것들이 모두 욕심이 치열하면 할수록 병세가 더 심해지는 것이거든요. 이런 증세로 괴로운 사람도 그냥 앉기만 해도 그 불꽃이 사라질 수 있습니다. 그렇게 가만히 앉기만 해도 삼독의 불꽃이 가라앉기 때문에 항마상이라 합니다.

마구니를 항복 받는 앉음이라 마치 청량제를 마신 것 같이 시원해집니다. 아무리 화가 나고 언짢더라도 결가부좌하고 앉으면 삼독의 불이 꺼져 그 기운이 사라지는 것을 알 수 있습니다. 불교에 대한 관심과 무관하게 요즘 참선이 대중적으로 호응을 얻는 것도 그 때문이지요.

시공時空도 초월하고 생멸生滅도 없는 자리

옛말에 '잠깐 동안 고요히 마음 밝히는 것이 도량이고, 그것을 말하는 것은 칠보로 탑을 쌓는 것보다 공덕이 많다.' 라고 했습니다. 금 하나만 가지고 탑을 쌓아도 이 세상에 큰 보배일텐데 일곱 가지 보석으로 탑을 쌓으면 얼마나 큰 보배겠습니까? 그런데 그것보다도 공덕이 더 크다 했거든요. 왜 그러냐? 아무리 좋은 보석으로 만든 것이라 하더라도 모양 있는 것은 언젠가는 부서지기 때문입니다. 사실 많은 보물이 보배가 아니고, 우리 이 몸뚱이가 보배거든요. 천금을 준다 해도 몸하고는 바꾸지 않으니 이 인간의 몸뚱이야말로 보배 중의 보배지요.

그런데 이 몸뚱이 역시 평생 먹여주고 입혀주고 닦아주고 종노릇해도 결국은 100년 안쪽에 썩어지는 것입니다. 세상에서 제일가는 보배라는 몸뚱이도 그런데 칠보 같은 것 아무리 쌓아 놓아도 언젠가는 부서지는 것이 당연하지요. 칠보로 탑을 쌓는 공덕이 아무리 크다 해도 그까짓 것은 불교에서 말하는 유루복有漏福이라, 그릇에 아무리 좋은 것을 담아 두어도 틈이 있으면 필경에는 다 새 버리는 것 같이 '새어 나감'이 있는 복입니다. 이처럼 우리 몸뚱이를 비롯하여 눈에 보이고 만질 수 있고 생각할 수 있는 것은 언젠가는 결국 다 부서지는 것들이라 다 유루복입니다.

그러면 무루복無漏福은 뭐냐! 이것은 본시 생겨 나지 않은 것입니다. 조금 전에 설명한 그 자리, 우주가 생기기 이전에도 있었고 우주가 부서져도 없어지지 않고, 부모에게 몸 받기 이전에도 있었고 부모에게 받은 몸이 부서져 없어져도 없어지지 않는 자리, 이것을 종교적으로 이야기하자면 시간과 공간을 초월한 자리입니다. 남〔生〕도 없고 멸〔滅〕함도 없는 본래의 내 바탕, 내 고향 자리입니다. 이것을 바로 볼 수만 있으면 모든 문제가 일 찰나에 다 해결됩니다. 몇 날 몇 해를 해서 얻어지는 것도 아니고, 일천억 겁에 한 번이라도 그 자리를 돌이켜 보면 그것이 곧 자기 전체입니다. 그것은 시간과 공간을 초월한 자리입니다.

어떠한 일을 한다고 하는 것은 대개가 다 새는 법〔유루법〕입니다. 진정 새지 않는 법〔무루법〕을 해야 우리가 본래 참 모습을 지킬 수 있습니다.

새는 법도 시간적으로 보면 몇 해 동안은 지탱이 되니까 모두 그것에 탐착하여 살아 갑니다. 팔만대장경은 그런 유루복이 아닌 시간이 가고 공간이 바뀌더라도 새지 않는 무루법을 찾으라고 일러주신 부처님의 가르침입니다. 그러니까 모든 설법이 그 길을 찾는 약방문입니다.

'경시불언經是佛言이요, 선시불심禪是佛心이다' 라는 말이 있습니다. '경은 부처님의 말씀이고 선은 부처님의 뜻이다.' 라는 것입니다. 이 말 이면의 뜻을 새겨 부처님 말씀을 바로 보게 되면 바로 그 찰나에 선에 대해 눈을 뜨게 됩니다.

듣는 것만으로는 이룰 수 없다

우리는 모두 어느 정도 설법을 들으면 그 다음에는 아무리 좋은 법이라도 듣기 싫어집니다. 왜냐 하면 남의 말 듣는 것만으로는 아무것도 이룰 수 없다는 것을 알게 되기 때문이지요. 정신을 못 차리고 딴 생각에 자꾸 빠지니까 거기 빠지지 못하게 깨우쳐 지금 우리는 꿈속 같은 머리로 꿈속의 얘기를 잠꼬대처럼 듣고 있는 것입니다.
꿈 밖의 이야기가 깨친 세계요, 꿈 깨는 방법이 바로 선입니다.
꿈 밖의 이야기를 듣고자 하면 꿈을 깨야 합니다.

白雲抱幽石

昭明刀蠹蠹(소소영영)

훗훗로보는은닫말삼씀

주는 것이 법문이지. 그 이상은 자신의 용기와 분심으로 뻗어가서 이루어야 합니다.

　누구나 절에 오면 먼저 딱 앉아서 마음을 고요히 하고 참선을 해야 합니다. 그러니 다른 사람이 말을 걸까 오히려 겁을 내야 합니다. 그 아까운 시간에 언제 남의 얘기 듣고 있겠습니까? 가부좌하고 딱 앉으면 영원히 빛나는 자기 생명의 빛이 약동하고 있고, 모든 문제가 다 해결되는 자리가 그곳인데 남의 이야기에 시간 뺏길 틈이 없습니다. 참선은 이렇게 자신의 문제에 몰두하는 것입니다.

삼독심을 접어 없애면 무아無我

마음의 파도를 잠재우는 계행戒行

우리는 생각이 자꾸 불타고 생각 생각이 자꾸 흐르기 때문에 힘이 약합니다. 그런데 그런 망념이 싹 가셔지고 정념이 되어 한 가지만 골똘히 생각하면 머리가 맑아지고 쉬게 됩니다. 이 생각 저 생각하니까 머리가 복잡해지는 것이지, 화두 하나 딱 쥐고 있으면 정신이 쉬는 것과 마찬가지입니다. 한 가지에 완전히 집중하게 되니까 거기서 안정이 생기는 것이지요.

육조 스님께서는 '마음속의 욕심을 쉬는 것이 계행이요, 마음의 온갖 복잡함을 쉬는 것이 정이요, 마음의 어리석음을 쉬어 버리면 그것이 지혜'라고 하셨습니다. 불교 수행법인 계정혜 삼학은 따로 떨어져 행해지는 것이 아닙니다. 계행을 지키지 않으면 정이 생기지 않고, 정이 생기지 않으면 혜가 생기지 않습니다.

그러면 계행이 뭐냐. 계행이란, 우리 인간의 욕락을 쉬고 절제하는 생활입니다. 예를 들어 화를 벌컥 내면 벌써 파계를 한 것이거든요. 화를 내면 피가 동하고 탁해져서 열이 오르고 맥박도 빨리 뜁니다. 그만큼 마음에 파도가 일어 난 것입니다. 그러면 마음에 안정이 생기지 않지요. 또 누구를 미워한다든지 또 누구를 너무 좋아해도 역시 마음에 파도가 일어 납니다. 이렇듯 화를 내는 것뿐 아니라 모든 감정이 극도로 일어 나면 안정을 잃어 버리게 됩니다. 불교가 아닌 유가儒家에서도 중용지도中庸之道에 대해 말하기를, 즐겁고 성내는 등의 희로애락이 일어 나기 전이 바로 도에 가깝다고 했습니다. 극히 미워한다든지 극히 사랑한다든지 극히 좋아한다든지 뭐든지 극단으로 갈 때는 마음의 안정을 잃어 버립니다.

또 술도 많이 먹으면 안정을 잃어 버리기 때문에 부처님께서는 술 많이 마시지 마라고 그랬던 것입니다. 술을 마시면 어떤가요? 그러면 얼굴도 화끈화끈해지고 마음에 안정도 안 되어 정신이 흐리멍덩해지지요. 그러니 부처님이 술을 마시지 마라고 하신 본 뜻은, 술을 마시는 게 죄악이 된다는 뜻이 아니라, 정신에 혼란이 와서 도를 이루는 데 장애가 되니 마시지 마라는 말씀입니다.

감정이 너무 극단적으로 흘러 마음의 안정을 잃어 버리면 희로애락이 들끓고 정신이 허한 것이 마치 바다에 파도가 이는 것과 마찬가지입니다. 바람이 불고 태풍이 오면 바다에 파도가 일어 그림자가 다 끊어지고 흩어져 버려서 그림자가 나타나질 않습니다. 그러나 파도가 잔잔히 잘 때는 명경지수로 삼천대천 경계가 소소영영하게 비칩니다. 마찬가지로 우리 마음에 파도가 일기 때문에 도에 못 들어 가는 것입니다. 계행은 바로 그 파도를 재우는 것입니다.

그러려면 무엇보다 먼저 욕심을 적게 해야 합니다. 밥도 배고프다고 배가 터지게 먹으면 당장 건강을 잃어 버립니다. 그러니 모든 것을 중도로 적당히 해야 합니다. 아무리 화가 나더라도 그것을 적당히 생각해서 마음을 가라앉혀 자기 이성의 힘으로 화를 자재하고 마음의 충격을 받지 않도록 다스려야 합니다.

물론 인간이 오래도록 키워 온 오욕락을 단번에 끊을 수는 없겠지만, 우선은 그것을 철저히 자제하여 취급할 줄 알아야 합니다. 만약 계속해서 오욕락에 팔리고 거기에 같이 섞여 산다면 자기 인생이 영원히 밝지 못하고 허둥지둥 헤매게 되는 것입니다.

이것을 벗어나 도를 이루기 위한 근본이 계입니다. 그리고 이 계戒가 없이 정定이 생길 수 없고, 정이 없는데 혜慧가 생길 수 없는 것이니, 계정혜 삼학三學은 곧 삼위일체로 이루어져야 하는 수행법이지요.

우리의 생활을 보아도 그렇잖아요? 욕망을 채우려 한다든지 극히 미워한다든지 극히 사랑한다든지 하면 입맛도 떨어지고 병이 생깁니다. 입맛이 떨어지고 병이 생기는데 어떻게 마음에 안정이 오겠습니까? 또 마음에 안정이 없는데 어떻게 옳게 판단하며 참다운 지혜가 생기겠습니까? 그러기에 바른 불교 수행인 참선이란 참선을 위한 참선이 아니라, 잡념을 버리고 마음을 안정시켜 참다운 지혜를 얻어, 내 인생의 근본적인 문제를 스스로 알아 해결하기 위한 방법입니다.

자기 문제를 해결하는 것

그런데 스스로 그런 힘을 전부 포기해 버리고 위대한 신이나 창조주 등을 찾아 문제 해결의 길을 밖에서만 구하려는 경향이 많습니다. 옛날에는 사람이 육척 반도 안 되게 작아 보이고 눈 밖에 보이는 산이나 큰 나무나 바위만 보아도 사람의 몇 백 배 몇 천 배나 되니, 위축이 되고 공포심이 생겨서 그들을 숭배하는 습성이 생긴 것입니다. 또 하늘을 쳐다 보면 별이 뜨고 태양이 비치고 비나 눈이 쏟아져 오니 뭔가 어마어마한 것으로 생각되어 인간 자신은 아주 미약해 보이기도 했지요. 그래서 문명이 발달하기 전에는 뭔가 이상하게 보이거나 나보다 큰 것에 대해서는 경배를 하기도 했습니다.

그러나 그런 것들은 다 아직 인간이 어리석어 스스로 만든 허상입니다. 그런 것에 속아 온 것이지요. 모든 것을 만들었다는 창조주도 결국은 인간이 스스로 허상을 지어 만들어 낸 것인데 나중에 그것의 지배에 순종하지 않으면 멸망하고 순종하면 구원을 받는 것처럼 인간이 그 허상에 종속되었지요.

오늘날 부단히 발달하는 인간 중심의 문화 혁명의 물결 속에 인간 이외의 신비하고 기이한 것, 귀신 등을 근본으로 하는 신본주의적 사고는 차츰 인본주의로 변해 가고 있기는 합니다. 그래서 이제는 학자 등 여러 깨어 있는 사람들이 모든 것이 신보다 사람 마음이 근본이 되는 쪽으로 주장하고 나섭니다.

석가모니가 출현하실 당시 인도도, 온갖 신을 찾고 항상 밖으로만 구하던 종교가 판을 치던 때였지요. 그래서 신을 받드는 사람을 바라문이라 해서 계급 중에 가장 상위에 두고 왕족까지도 그 밑의 계급으로 있었습니다. 또 수드라라는 천민계급의 사람은 금수 취급을 하여 마치 우리가 소·돼지 잡아먹듯이 그 사람들은 두들겨 맞거나 죽어도 어디 가서 호소할 수조차 없었습니다.

부처님께서는 인간의 모든 괴로움을 해결하기 위한 길을 찾아 그 당시 유명한 사람을 다 찾아가 가르침을 받기도 했으나 모두 미지근한 속에서 방황하는 소리만 하고 있어 시원한 대답을 얻을 수가 없었습니다. 그래서 혼자 6년 동안 치열한 수행을 하고, 다시 보리수 아래에 딱 앉아서 깨쳐 보니 '천상천하 유아독존'이라, 어느 하늘 어느 신이라도 자기 인생을 간섭할 제3자는 없다는 것을 아신 것이지요.

계급 차별이 뚜렷한 시대에 이 세상 그 아무도 이런 소리를 한 사람이 없는데 부처님께서 폭탄선언을 하신 것입니다. 그리하여 모든 것은 인간 의지와 관계없는 절대자에 의해 창조되는 것이 아니라 서로 상의상존하여, '이것이 있으므로 저것이 생기고 저러한 이치가 있으므로 해서 이러한 반응이 생긴다'라는 진리를 가르치셨습니다. 두 손바닥이 합쳐져야 소리가 나는 것처럼 모든 일은 전부 서로 의존해서 생긴다는 것 즉, 연기법을 이르신 것입니다.

내가 성을 냄으로 해서 그 성내는 파도가 상대에게 반응을 일으키고, 내가 가만히 파도를 가라앉히니 상대가 편하다는 것이 다 인연으로 그렇다는 것입니다. 마치 산골짜기에서 고함을 질러 메아리가 울릴 때 크게 소리치면 크게 들려 오고 작게 소리치면 작게 울리고, 여자가 소리치면 여자 소리로 울리고 남자가 소리치면 남자 소리로 울려 오는 것과 같은 이치입니다.

그래 불교는 우연론도 아니고 창조론도 아닙니다. 모든 것은 내가 지으므로 있고 지은 것을 거두어 버리면 없는 것이 인연법입니다. 어느 신이 기준을 만들어 능력을 판단하는 것이 아니라, 내가 착하게 닦으면 착한 세계가 열리고, 악한 행동을 하면 악한 세계가 열린다고 합니다. 이런 소리는 인류 역사상 석가모니가 비로소 처음으로 한 소리지요. 이 점이 바로 불교의 위대함입니다.

그런데 사람들이 미련해서 그 소리가 납득이 안 갔거든요. 그러다가 자꾸 정진하고 연마해 보니 부처님 학설이 이제야 귀에 좀 들어 오게 되었고, 그래서 요즘은 불교 학설이 아니고는 도저히 중생 구제도 안 되고 진정한 행복을 얻을 수 없다는 생각에 많은 사람들이 공감하고 정신을 차리고 돌아 오는 중입니다. 이렇게 자기 문제를 해결한 것이 곧 불교이고, 그것이 결국 우주 문제를 해결하는 것이며, 그것이 바로 고통에서 벗어나 진정한 행복을 얻게 되는 것입니다. 이러한 사실을 안다면 누가 그 길을 가지 않겠습니까?

그 길을 적어 놓은 것이 팔만대장경이고, 또 그것을 똘똘 뭉쳐서 한마디로 교육하는 법이 참선입니다.

우주와 내가 하나인 무아의 세계로

이 세상 사람들은 탐진치 삼독에 찌들어 중독되어 있기 때문에 누구나 할 수 있는 이 법을 보통 사람이 받아 들여 행하기가 쉽지는 않습니다. 물론 용기 있는 사람은 다르겠지만, 술을 스스럼없이 먹고 담배를 스스럼없이 피우는 사람이 단번에 끊지 못하듯이 삼독에 젖어 있어 헤어 나기 어렵습니다. 술이나 담배 자체는 근본 병이 아닙니다. 다만 비유하자면 그것에 3,40년 중독된 사람은 그것이 피골에 심히 젖어 있어 끊기 어렵듯이 삼독에서 벗어나기 어려운 것입니다.

그러나 술과 담배를 끊는 것이 무슨 규칙이 있는 것이 아닙니다. 그것 끊는 것을 쉽다고 해도 맞지 않고 어렵다고 해도 맞지 않습니다. 그것은 학교 공부처럼 1학년 다음 2학년, 이런 것처럼 언제 가면 끝난다는 것도 있을 수 없고, 이론적으로 설명할 수도 없습니다. 한참 시간이 흘러야 끊는 사람도 있고, 평생 가도 못 끊는 사람도 있고, 세세생생 가도 못 끊는 사람이 있습니다.

우리의 업이란 것도 마찬가지입니다. 다생에 익힌 습이라도 용기 있는 사람은 단번에 딱 끊을 수 있겠지만, 보통 사람들은 어떻습니까? 몇 달 가야 해결하는 사람이 있고, 또 평생 가도 해결 못 하는 사람이 있고, 또 아예 이 가르침의 소리가 귓가에도 안 들어 가는 사람도 있는 것입니다.

그러나 이 세상 어느 물건이고 변하지 않는 게 어디 있겠습니까? 아무리 권세가 있고, 건강하고, 아무리 미색이 뛰어 나고,

무아란 탐진치 삼독심을 접어 없앤 상태입니다.
탐진치 삼독을 불러일으키는
너니 나니 하는 상대적인 내가 없는
불생불멸하는 참으로 빛나는 자기가 무아입니다.
참다운 나는 곧 우주 전체입니다.
우주와 내가 둘이 아닌 불생불멸의 그 자리가
무아의 세계입니다.

재물이 풍부하다고 한들 그게 몇 날 몇 달 동안이나 지탱하겠습니까? 그것 역시 한바탕 꿈이요, 그림자입니다. 그러니 『금강경』에서도 비유했듯이, 이슬과 같고 번개와 같은 우리의 이 생활이 허무한 줄을 알아야 합니다. 바로 이 허무한 내 인생을 벗겨 버리면 허무하지 않은 자기 인생이 나타납니다. 그렇기 때문에 무아無我를 말하는 것입니다.

불교의 무아라는 것은 곧 '대아大我'를 말하는 것임을 아셔야 합니다. 무아라고 하니까 아무 감각도 없고 허공이나 돌덩이처럼 된 것이 아닌가 하고 미련하게 생각하는 사람도 있을텐데, 무아란 탐진치 삼독심을 접어 없앤 상태요, 탐진치 삼독을 불러일으키는 너니 나니 하는 상대적인 내가 없는 불생불멸하는 참으로 빛나는 자기가 무아입니다. 참다운 나는 곧 우주 전체입니다. 우주와 내가 둘이 아닌 불생불멸의 그 자리가 무아의 세계입니다.

상념 보따리를 놓아 버리고

무아의 세계는 정진의 세계입니다. 이것저것 이론적으로 따져서 알아지는 세계가 아닙니다. 그러기에 정진할 때는 일체의 지식 보따리를 내팽개쳐야 합니다. 일체의 망상 찌꺼기를 집어던질 때, 바로 거기에 무아가 나타 납니다. 그런데 우리는 항상 자기 습관에 찌들어서 그 생각을 놓지 못하니 어려운 것이지요.

　아주 깎아지른 석벽에서 손을 탁 놓는 것이 장부라는 말이 있습니다. 보통은 손이 놓아지질 않습니다. 거기서 손을 놓으면 아주 없어지는 줄 알고 밤낮 매달려서 안 떨어지려고 하게 됩니다. 그런데 그때 그 손을 딱 놓듯이 자기를 쉴 때, 비로소 참 자기를 발견한다는 것입니다. 참선을 하고 화두를 틀어잡고 앉는 법도 모두 다 그렇습니다. 뭘 따져서 이리 하고 저리 하라는 식은 없습니다. 결국 우리 상념 보따리를 집어던져야 하는데 그게 잘 안 되니까 그 방법으로 제시된 것이 화두라고 하겠습니다.

　아무리 짧은 말이라도 말에는 다 뜻이 있기 마련인데, 그 말 이전의 말머리가 화두입니다. '어떤 것이 부처냐?' 하고 물으니, 그 대답이 도저히 이론에 맞지 않는 대답들이 나오잖아요. 동문서답 같은 대답들을 하지요. 우리의 사량분별이나 일체 지혜로는 닿지 않는 곳을 설명하자니까 그렇게밖에 표현이 안 되는 것입니다.

　우리의 사량분별을 가지고 따지고 연구해서는 그 뜻을 알 수 없습니다. 그것은 일체를 쉬어 버리는 경계입니다. 그런데 일체의 불꽃이 쉬고 조사 공안公案 하나가 딱 현존하는 경계입니다. 즉, 자기도 잊어 버리고 우주도 잊어 버리고 오직 남아 있는 것이라고는 조사 공안 하나에 걸려 있는 경지여야 합니다. 그렇게 시간과 공간을 초월했을 때, 비로소 알기가 가까워지는 것입니다.

無我(무아)

희둥로 보내는 마음을 쓸면

일념불생一念不生하면 하루도 안 되어 성취한다고 했습니다.

나옹 스님의 법문에 이런 말씀이 있습니다. '생각을 일으키고 생각을 없애는 그것이 생사〔念起念滅 卽生死〕'라 했습니다. 또 '일찰나一刹那에 구백생멸九百生滅'이라는 말씀도 있습니다. 경문에 해석하기를 칼로 물을 베었을 때, 물이 갈라졌다가 붙는 시간이 일찰나라 했습니다. 그 짧은 시간에 구백 번 나고 죽는다고 했으니, 우리로는 이해가 안 되지요. 일 초 동안 생각을 구백 번 쪼갤 수도 없는데, 일찰나 동안에 구백 번 나고 죽는다니 말입니다. 그런데 그 일찰나에 구백 번 생멸하는 경지만 보면, 생멸이 없는 경계를 볼 수 있다고 했습니다. 구백 번 생멸하는 찰나를 내가 볼 줄 알면 그 자리가 생멸이 끊어진 자리이니, 그래서 '염기염멸念起念滅이 즉생사卽生死'라고 이르신 것입니다.

죽음 앞에서도 생각이 가만히 정돈된다면 생사가 어디 있겠습니까? 우리가 죽는다, 숨이 끊어진다 하는 생각들로 방황하기 때문에 생사가 있는 것입니다.

지금이 바로 큰 마음을 일으킬 때

생사生死를 넘어서는 도리

우리 중생들은 생사 때문에 겁을 내는데 이 생사란 것이 순전히 정신 놀음이거든요. 그래서 '생각 한번 일어나고 생각 한번 소멸하는 것에 생사가 다 들었다.'라고 하고, 그것을 극복하려면 '나고 죽음을 당해서 모름지기 힘을 다해서 화두를 잡아 일으키라.'라는 말이 나오는 것입니다.

같은 자리에 두 가지 물건을 놓을 수 없듯이 화두 하나를 꽉 틀어잡고 있으면 망상이 들어 갈 틈이 없습니다. 이렇게 생각의 기멸이 끊어지면 그것이 곧 생사를 여읜 상태입니다.

온갖 망상을 일으키다가 마음이 어지럽고 머리가 아프고 한 것은 다 생각의 기멸이 자꾸 불꽃처럼 일어 나기 때문에 그런 것입니다. 그러니 기멸이 끊어지면 적적寂寂하지요.

그렇다고 적적하게 그저 있는 것으로는 아무 소용이 없습니다. 적적한 속에서도 화두가 힘차게 나타 나야 합니다. 적적한 가운데에도 화두를 하지 않으면 망상은 없어도 우두커니 멍청하게 있게 되는데 그래서는 생사의 도리를 알 수 없습니다. 꽉 하고 뚫고 나가는 힘이 있어야 하는데 그 방편이 화두거든요. 그 힘으로 적적한 자리에 이르면 그것은 부서지지도 아니하고 잡생각이 섞이지도 않아, 이와 같이 정진하면 하루도 안 되어 성취한다고 했습니다.

이렇듯 불법은 어려운 것이 아닙니다. 안 해서 그렇지 안 되는 것이 아닙니다. 부처님께서 무슨 심술로 안 되는 것을 하라고 하셨겠습니까? 그것을 믿지도 않고 따라 행하지도 않으면서 게으름만 피우는 것이 문제지 누구나 하면 다 됩니다. 어떤 일이든 한 번 마음먹고 할 때는 밤을 새워서라도 하루 동안 그것을 못 하겠습니까?

그렇게 해서 그 놈을 떡 알게 되면, 그것이 바로 영원히 잃어 버리지 않는 자기 보배입니다. 알게 되면 허공이란 본시 상하는 것이 아니듯이 하늘에 구름이 일든지 비행기가 뜨든지 폭탄이 터지든지 그 자리는 변함이 없음을 확실히 믿게 됩니다. 이렇게 우리 본래 마음 하나만 찾아 놓으면 어디에 들어도 상관이 없습니다. 모두 모르고 그런 보배를 안 찾아서 탈이지요.

자기를 찾아 본래면목本來面目을 알게 되면 아무리 복잡한 속에서도 안정이 됩니다. 글이나 말을 통해서만 알려고 하지 말고 실제 경험을 해 보세요. 아무리 복잡한 속에서도 마음을 잡고 항마상을 하고 앉기만 하면 마구니를 항복 받을 수 있거든요. 마구니란 우리 마음에서 일어 나는 탐진치 삼독을 이르는 말입니다. 불법을 모르는 사람은 누가 조금만 언짢게 하면, 파르르 화를 내고 한 치도 양보하지 않아 또 서로 칼부림까지 하곤 합니다. 아들 딸 낳고 살던 부부 사이에도 갈라지고 하는, 갖은 짓거리들이 일어 나는 것이 다 이 삼독심에서 출발하는 것입니다. 그러나 그 화 내는 것은 변함없이 뚜렷한 근거가 있는 것이 아닙니다. 근거가 없으니 시간이 지나면 후회하게 되어 있습니다.

이놈의 생각이란 것이 천차만별로 자꾸 흘러 가는 것이라서 화난 것이 본래 자기는 아닙니다. 어떠한 삼독심이 일어 나도 24시간 지탱하는 것이 없어서 화가 나는 그때 사그라지면 그만인 것입니다.

근본 마음은 절대 경계에 속지 않습니다. 부처님은 마구니가 와서 목을 자르려고 했을 때도, 심경에 아무런 변화 없이 태연했습니다. 그래서 마구니가 부처님의 목을 자를 수가 없었던 것이지요. 본시 자기 생명이란 자기 바깥에 있는 것이 아닙니다. 이것을 확연히 알고 있으니 무슨 두려움이 있겠습니까? 조사 스님들이 죽음 앞에 태연한 것도 실로 죽음이 없다는 것을 아셨기 때문입니다.

사명 스님이나 서산 스님이 적진에 들어 가서도 두려움 없이 행동하신 것도 다 이 생사의 도리를 깨달으시고 그 두려움에서부터 벗어 나셨기 때문에 용기 있는 모습을 보이신 것입니다.

모두 착각 속에서 죽음을 보고 있는 것입니다. 참선은 바로 이것을 해결하는 가장 적절한 방법입니다. 가부좌만 하고 앉으면 일체의 불꽃이 스르르 가라앉아 일체 생각이 없어지고 절대 화가 나는 일이 없어집니다.

실행 없는 불교는 불교가 아니네

이렇게 앞이 탁 트이는 이야기를 듣고 '그냥 좋구나.' 하고 머물라는 것이 불교는 아닙니다. 그 좋은 것을 실천을 통해서 사회에 드러 내라는 것이 불교입니다. 분명히 좋다고 알고, 그 아는 것에 대해 신념을 갖고 느낀 대로 전해 주는 것이야말로 순수한 내 마음이거든요.

불교를 많이 안다고 해서 그 자리에 멈추면 불교라고 할 수 없

이놈의 생각이란 것이 천차만별로 자꾸 흘러 가는 것이라서
화난 것이 본래 자기는 아닙니다.
어떠한 삼독심이 일어 나도 24시간 지탱하는 것이 없어서
화가 나는 그때 사그라지면 그만인 것입니다.

휘호로 보는 큰스님 말씀 大白洞天(태백동천)

습니다. 구체적인 실행을 통해 완성되는 것이 불교입니다. 실행 없는 불교는 펼 수도 없고, 불교라고 할 수도 없습니다.

  요리법을 아무리 많이 알고 맛있게 하는 비결을 갖고 있다 하더라도 그것만 가지고는 배가 부르지 않습니다. 직접 만들어 먹어야 내 몸에 이로움이 오는 것과 같은 이치입니다. 법문을 들어도 실행하지 않으면 이 절 저 절 쫓아다니며 큰스님 법문을 아무리 많이 들어도 아무 소용이 없습니다.

  이 우주에는 지금 우리가 사는 세계뿐만 아니라 한없이 많은 세계가 있는데 그 중에 말세의 중생이 사는 곳이 지금의 세상입니다. 불법을 바로 배우려는 사람이라면 지금이야말로 큰마음을 일으켜야 합니다. 세계를 크고 넓게 보고 마음의 눈을 뜨기 위한 정진을 쉬지 않고 해야 할 것입니다. 마음의 눈을 뜨는 정진이란 누구나 행할 수 있음을 확실히 믿고, 모두 함께 일념정진하여 이 세계의 고통과 아픔을 극복해 나가야 할 것입니다.

인간성 회귀의 선

보현사에서 일반 대중에게

자기 부처를 찾아

무수히 펼쳐져 있는 업보 중생의 세계

부처님께서 도솔천 내원궁에 설법하러 가셨을 때 한번은 목련 존자가 신통력을 부려 따라 갔습니다. 그런데 그곳에서 커다란 연못을 발견하고는 그 연못가를 돌아다니다가 그만 연못에 빠져 버렸어요. 마침 그곳에 사는 스님이 지나 가다 보았는데 그 스님 눈에는 사람같이 생긴 벌레로 보여 목련 존자를 젓가락으로 집어 들고 가서 부처님께 여쭈었습니다. 부처님께서는 석가모니 회상의 10대 제자 중의 한 명인 목련 존자가 신통력을 부려 찾아 온 것이라며 다치지 않게 놓아주도록 하셨답니다. 사실은 목련 존자가 벌레만큼 작아진 것이 아니라 그곳에 사는 사람들이 복이 많아서 한없이 큰 것이었어요. 그래서 우리 같은 사람이 개미처럼 작게 보인 것입니다.

이렇듯 우리 중생의 눈으로는 다 볼 수 없이 한없는 세계가 이 공간에 펼쳐집니다. 물을 한 그릇 떠 놓으면 이 물이 썩어서 벌레의 세계가 하나 건립되듯이 지금 이 중생계 곳곳에 수많은 세계와 온갖 중생들이 바글바글 합니다. 나쁜 세계이거나 좋은 세계이거나 결국에는 그것이 다 업보 중생이 설치는 곳이니, 거기에 기준을 두고 끄달려서는 우리 인생을 제대로 살 수 없습니다.

많은 사람이 하는 일이라고 해서 생각도 없이 허우적거리며 같이 따라 해서는 안 된다는 뜻이지요. 천하 많은 사람이 정신없이 허우적거려도 제 정신 차리고 극락 국토에 들어 갈 것을 생각해야지, 많이 살아도 백 년 안짝의 인생인데 이리저리 휩쓸려서 판단해서는 안 되거든요. 우리가 불교를 배우고 참선을 한다는 것도 그렇게 정신 차리자는 것입니다.

자기를 모르는 허수아비 인생

우리 아이들은 대부분 어려서부터 '인간은 죄인이다. 신이 인간을 심판하는 날이 다가 온다.' 라는 이야기를 듣고 자랍니다. 이렇게 되니까 어려서부터 뭔가 보이지 않는 외부에 대한 두려움

과 기대심을 갖고 절대신을 찾아 밖으로 끄달리게 되어 벌써 정신적으로 병이 들게 됩니다. 이것이 아편 주사를 놓는 것과 무엇이 다르겠습니까? 재산이야 물에 떠내려 가거나 불에 타 없어지지 않는 다음에야 도둑이 훔쳐 간다 해도 갑에 있다가 을에게 가고, 을에 있다가 병으로 옮겨지는 것이니까 큰 손해는 없지만, 사람의 정신에 병이 들면 자기 정신 하나도 없이 허우적거리는 허수아비가 되고 마는 것입니다. 위대한 자기를 버리고 신에 매달려 허우적거리는 허수아비 인생이 되는 것입니다. 위대한 자기를 버리고 신에 매달려 허우적거린다는 것이 그 얼마나 불행한 일입니까?

이런 중요한 문제가 지금 우리 앞에 놓여 있는 것입니다. 무조건 믿으면 된다는 사고는 간단하고 편리하기는 하겠지만, 어떻게 그렇게 될 수 있겠습니까? 이런 정신으로 그저 기계문명만 발달하면 행복해지는 줄 알고, 그곳이 천당이고 극락인 줄 알아 온갖 것을 만들어 냈으니, 편리하자고 발달시킨 그 기계문명 때문에 오늘날 인류가 겪는 고통 또한 얼마나 큽니까? 여기 앉아서 로켓 타고 달나라 간다고 내 인생에 뭐가 달라지겠으며, 악한 사람이 착한 사람 되겠습니까? 아니면 사람들이 모두 행복하고 잘 살아지겠습니까?

별 하나 정복하는 데 비용이 엄청나게 많이 든다는데 그런 것을 사람 살리는 데 사용하지 않는 것이 문제입니다. 마치 공장 기계 돌아 가는 데 나사 작용하듯 자기 인생을 완전히 망각해 버린 채, 굴러 가는 대로 살아 가는 정신 상태에 있으니까 하루아침에 세상을 잿더미로 만들지도 모르는 온갖 무기를 만드는 산업만 일으키고 있는 것입니다. 그야말로 폭풍 전야에 있는 줄도 모르고 이것이 좋은 문화인 줄 착각해서 허우적거리고 있으니 문제이지요. 지장 보살이 지옥 문전에서 눈물을 흘리는 이유가 여기에 있습니다. 우리가 조금만 생각해 보면 그것을 이해할 수 있습니다.

언젠가 열차 대합실에서 서양 종교를 선교하는 사람을 만났는데, 내가 출가 승려인 줄 보아서 알면서도 다가 와서 '하나님 믿으세요. 하나님!' 하고 집요하게 선교를 하더군요. 그래서 "나는 하나님 생기기 전부터 하나님 믿소. 하나님만 믿는 것이 아니고 앞집의 박 서방, 뒷집의 김 서방도 다 믿소."라고 대답했지요. 사실 우리가 믿자고 보면 안 보이고 모르는 신보다는 이웃이 더욱 미더운 것 아니겠습니까? 그들 모두 본래 마음이 다 부처 자리인데 그 모습을 본다면 당연히 믿어야지요.

차별도 없고 성쇠도 없는 불교의 본질

불교는 차별이 없습니다. 나다 너다 하는 차별이 없는 무아입니다. 누구든지 성불하면 '천상천하 유아독존'인 존재, 똑같이 소중한 존재입니다.

얼마 전에는 지리산 골짜기에 미륵교라는 것이 교세를 확장한 다고 야단이었습니다. 진리는 하나인데 그것을 모르는 어리석은 사람들이 혹세무민하느라고, 석가모니 부처님 시대는 지나고 미륵 부처님이 온다고 하였다고 합니다. 불교 진리가 다르지 않은 데, 미륵교 부처님과 우리 부처님이 다를 것이 무엇이겠습니까?

어느 시대가 되든 진리는 하나입니다. 미륵 부처님 시대의 진리가 다르고 석가모니 부처님 시대의 진리가 다르겠습니까? 저 사람이 깨친 부처 세계 다르고 이 사람이 깨친 부처 세계가 다를 수는 없습니다. 모두가 깨치면 똑같은 한 세계입니다. 만약 서로 다르다면 부처라고 할 수 없지요.

이런 이치를 알아 우리가 같이 이 세계를 열면 전 세계가 한 식구가 되고 적이 없어지겠지만, 그것을 열지 못하면 분열되고 맙니다. 부처님 당시에도 부처님의 사상이 옳으니까 그 모든 외도들이 부처님께 머리 숙여 귀의한 것입니다. 그러나 불교가 아무리 좋은 것이라도 그 나라에서 받아 들이지 않으면 불교는 없어지고 사교邪敎가 성행하게 됩니다. 태양이 항상 비추고 있지만 굴을 파고, 혹은 독을 쓰고 들어 앉아 있으면 태양의 혜택을 못 받는 것과 마찬가지입니다. 스스로 굴 속에 숨거나 독을 뒤집어 쓰고 있으니 아무리 태양이 빛을 발하더라도 비치지 않는 것은 당연한 이치입니다. 전 인류가 그렇게 하면 다 지옥의 세계에 살게 되고 말지요.

불교 자체에는 성쇠가 없으나 이처럼 인간이 받아 들이느냐, 받아 들이지 않느냐에 따라서 극락도 되고 지옥도 되고 아수라도 되는 것이니, 판단을 잘 해야 합니다.

깨달으면 누구나 부처

종교는 금방 죽더라도 제 정신 차리게 하는 것입니다. 불교라는 종교를, 아플 때 무당 불러서 푸닥거리하고 굿해서 물리치는 것과 같은 것으로 생각하면 잘못된 생각입니다. 그것은 사도邪道입니다. 물론 불교에도 기도도 하고 복을 비는 마음을 갖게 하는 가르침이 있습니다. 그러나 우리가 아무리 빌고 기도한다고 해도 우리의 목숨이 이백 년 삼백 년 살겠으며, 또 권력을 얻는다고 해서 그것이 인생에 무슨 보탬이 되겠습니까? 기도하고 복을 빌면 되기도 하겠지만, 그 값어치가 몇 푼어치나 되겠습니까? 그것은 우리가 잠을 못 깨서 불교를 제대로 알지 못하고 불교 아닌 것을 불교로 알아 잘못 따르는 것입니다.

'건강하게 해주십시오. 감투 쓰게 해주십시오. 뭐 잘되게 해

주십시오…….'

　이것은 불교를 모르고 하는 소리입니다. 열심히 기도하고 열심히 노력하면 안 되는 것은 아니지만, 그 위대한 원력을 왜 그렇게 좁은 곳에 쏟아서 정력을 낭비하고 허비하는지 안타까울 따름입니다. 그렇게 해서 그 모든 것을 혹 얻었다 한들 그것이 며칠이나 갑니까? 깨진 독에 물 퍼붓는 일입니다.

　불교는 생사의 옳은 도를 깨닫는 것입니다. 이 몸은 공하여 껍데기인데 거기에 그까짓 것 며칠 더 담아 봐야 무슨 소용이 있겠습니까? 불교라는 말 자체가 '정신 차려라.' '꿈 깨라.' 라는 가르침을 뜻합니다. 자기 부처를 찾아라, 자기 정신 차려서 나고 죽는 자신을 바로 보라는 가르침입니다. 참선은 이렇게 자기 부처 보려는 것입니다. 그러한 위대한 자기 인생을 밝혀 내는 것이 불교입니다. 그렇게 되었을 때, 모든 인류 문화가 똑같이 부처 되는 것입니다.

　술만 깨면 모두 온전한 사람이 되듯이 정신만 차리면 다 부처가 될 터라, 그야말로 절대 평등하여 다툼과 비방이 생길 까닭이 없습니다. 그런 절대 평등의 경지를 스스로 개척하자는 것이 불교입니다.

재산이야 물에 떠내려 가거나 불에 타 없어지지 않는 다음에야
도둑이 훔쳐 간다 해도 갑에 있다가 을에게 가고,
을에 있다가 병으로 옮겨지는 것이니까 큰 손해는 없지만,
사람의 정신에 병이 들면
자기 정신 하나도 없이 허우적거리는
허수아비가 되고 마는 것입니다.

無念無思(무념무사)

허응로 텅 비어 있는 마음 상태

경계를 넘나들며 만상을 짓는 한 생각

불이 불을 비치듯이

부처님 법은 사량분별로 따지고 상념으로 판단하는 세계가 아니라, 부르면 대답할 줄 알고 꼬집으면 아픈 줄 아는 모든 중생의 목전일념目前一念, 바로 눈앞의 한 생각, 바로 이 한 생각 살피고 아는 데 있습니다. 그런데도 사람들은 모두 불교가 어렵다고만 말합니다.

알고 보면 불교보다 더 쉬운 이치는 없습니다. 다만 우리가 가장 가깝고 가장 쉬운 것을 두고서 무한히 밖으로 헤매고 험로險路를 걸어가기 때문에 점점 진리에서 벗어 나는 생활을 하게 될 뿐입니다. 가장 가까이 있는 자기를 외면하고 항상 밖으로 헤매는 이것을 선문에서는 도거掉擧와 혼침惛沈이라 합니다.

초에 켜 놓은 불꽃이 정지해 있는 듯 보이지만 찰나찰나 타들어 가는 것처럼, 우리의 생각은 잠시도 정체하지 않고 시시각각으로 흘러 가는데, 이렇게 염념히 흘러 가는 생각에 치우치는 것을 도거掉擧, 산란심이라 합니다. 또 이렇게 산란하다 보면 피로가 와서 혼혼해져 혼침으로 기울어집니다.

어지러운 것과, 혼혼해 정신 없이 혼침으로 흐르는 이 두 가지 양극단에 치우치는 길을 여읜다면 분명히 빛나는 자기 주인을 쉽게 만나 볼 수 있습니다. 일체의 상념이 끊어져 집중되는 자리, 망상과 혼침이 없는 분명한 그 자리를 일념一念, 또는 십념十念이라고 합니다. 여기서 '십'이란 수는 가득 찼음을 뜻합니다. 그러니까 '아홉'도 아니고 '열 하나'도 아닌 이 '열'이라는 것은 모든 산란심이 침범하지 않는 순일純一함 즉, 일념과 같은 뜻으로, 모든 망상이 없는 절대적인 자기를 만나는 자리이지요. 십념왕생十念往生이라, "나무아미타불"을 열 번만 부르면 극락 세계에 가서 난다는 것도 열 번 부르고 열두 번 부르는 문제가 아니라, 단 한 마디를 해도 꽉 차서 조금도 틈이 없는 온전한 마음에서 일어나는 마음을 뜻합니다.

그러한 온전한 마음이 서로 마주 비출 때 그냥 이심전심으로 눈만 딱 닥치면 압니다. 부처님 당시에는 부처님이 출가하려는 사람을 향하여 '선래善來, 비구야' 하면 그대로 머리카락이 떨어졌습니다. 머리카락이 떨어짐은 무명업식이 녹아 나고 바로 그 자리로 계합契合한다는 것을 뜻하지요. 그래서 그때는 여러 가지 말이 필요치 않았습니다. 그냥 눈 한 번 끔쩍거리고 얼굴만 한 번 볼 때, 이심전심으로 거울과 거울이 맞닿고 불이 불을 바로 비치듯이, 부처님의 가르침인 진리를 찰나에 얻어 차리고 모두 각성했지요. 그러다가 인지가 자꾸 미혹해지고 탐진치 삼독에 혼혼하게 취해서 정신이 흐려지니까 오늘날 우리는 온갖 애기를 몇 해를 해도 항상 바깥으로 헤매는 것입니다.

그러나 불교야말로 참 간단한 것입니다. 그야말로 일자 무식이라도 바로 이 자리에서 꿈 깰 수 있는 방법이 불교입니다. 혜능 스님이 방아를 8개월 동안이나 찧었다는 것은 바로 흐트러지는 모든 망상을 다듬고 용맹정진하는 태도를 말합니다. 그래서 비록 일자무식이지만, 모든 학자를 물리치고 부처님의 정법안장正法眼藏, 불교의 핵심을 이어 받아서 선 문화를 크게 빛냈던 것입니다.

이렇게 모든 형식과 모든 의식을 탈피하고 바로 이심전심할 수 있는 골격이 불교의 근원입니다. 우리가 이러한 근본만 각성하면 모든 문제가 다 해결되는 것입니다. 이렇게 쉬운 진리가 어디 있습니까? 탄탄대로를 놔 두고 공연히 가시밭길로 헤매기 때문에 어려울 뿐이지요. 그러니 옷도 찢기고 살도 찢기고 하면서 비록 종일 헤매도 끝내 이르지 못합니다. 참선은 뭐 죽비 딱딱 치고 강의하고 설법하는 것이 아닙니다. 쉬운 방법을 외면하고 온갖 상념으로 항상 바깥에서 구하려 헤매지 말고 빛을 돌이켜서 근본 자기를 보라는 것입니다.

누가 이론으로 설명할 줄 몰라서 안 하는 게 아닙니다. 그 이론으로는 아무리 해 봐야 수박 겉핥기로 문 밖에서 어리대는 잠꼬대 같은 소리입니다. 몽둥이로 30방 치고 100방 치고 두드리고 큰 소리 쳐서 참으로 꿈을 깨는 그 격발激發하는 진리가 여기에 있거든요.

우리가 한 생각 돌이켜 이러한 불교의 진리를 터득하고 나면 이 험난한 사바 세계를 사는 데 힘이 되고 빛이 되고, 모든 문제를 해결할 수 있는 근본 핵심을 이루게 됩니다.

주인된 자기 정체를 밝혀

육체라는 것은 나의 그림자요, 거울에 비치는 환상과 같은 것이라 온 곳도 모르고 갈 곳도 모르고 현재도 모릅니다. 우리는 이러한 몸뚱이를 먹여주고 입혀주고 닦아주고 온갖 치다꺼리를 평생 동안 하고 있습니다. 그러면서 이 몸이 자기 인생의 전부인 줄 아는 것이 우리 중생이지요. 몸은 찰나에 이는 거품과 같고 그림자와 같은 존재인 것을 거꾸로 생각해서 참 자기로 알고, 진실한 자기는 외면하며 삽니다.

이 몸은 우리가 백 년 동안 종노릇 해 봐야 은혜를 갚는 게 아니라 매정하게 배은망덕하는 놈입니다. 백 년 동안 그렇게 귀중하게 보살피고 종노릇 해줬건만 나중에 썩은 고깃덩어리마냥 나자빠지고, 며칠 안 가서 쾨쾨한 냄새가 나서 아무리 친한 사이라도 그 송장 옆에는 가기 싫어하는 결론을 맺는 것이 이 몸 아니겠습니까? 만약에 인생이 이러한 육체를 본위로 사는 것이라 하면 얼마나 비참하고 참혹하고 하잘 것 없는 인생이 되겠느냔 말입니다.

조금만 생각해 보면 육체가 자기가 아니라는 것을 알게 됩니다. 그런데도 우리 중생이 어리석게도 이 육체의 육근문六根門을 통해서 번뇌를 일으켜 내 인생을 송두리째 뺏기기 때문에 육근을 도적에 비유하여 육적六賊이라 말합니다. 거기에 팔려서 참다운 자기의 주인을 잃어 버리니까 도적이라는 것이지요.

우리가 육근문을 통해서 받아 들이되 사실 받아 들이는 것은 눈이 아니고, 귀가 아니고, 코가 아니고, 육근이 아닙니다. 그러한 창문을 통해서 눈으로 듣고, 귀로 받아 들이고, 온갖 작용을 한다 해도 보는 놈이 따로 있고, 듣는 놈이 따로 있고, 맛보는 놈이 따로 있고, 생각하는 놈이 따로 있는 게 아닙니다. 주인은 하나입니다. 그 놈이 갖은 작용을 하고 있는 것이지요. 그런 주인 하나에 초점을 맞추어 비추어 보면 쉽게 자기의 정체를 볼 수 있습니다.

탐진치에 중독된 중생의 삶

부처님은 '내가 중생을 성불시키고자 온 것이 아니라, 그대들은 이미 다 성불해 가지고 살고 있는데도 그걸 모르고 사니까 이를 깨우쳐 주기 위해서 온 것'이라고 말씀하셨습니다. '도솔천을 여의지 않고 왕궁에 강림했으며, 마야 부인의 모태를 여의지 아니하고 중생을 제도해 마쳤노라.'는 말씀이 그런 의미입니다.

이렇게 누구는 모자라고 누구는 길고 한 것 없이 우리 모두가 석가모니와 동등하게, 절대 평등의 자리를 갖추고 있건만 그 자리를 등지고 밖으로 헤매는 데에서, 혼침과 도거의 양극단을 어리대고 있는 것이고, 그 바람에 바로 눈앞의 자기를 외면하며 살아 갑니다. 그래서 자기 발견하기란 세수할 때 코 만지기보다 쉽다 했습니다. 오히려 코 안 만지는 게 더 기적이지요. 세수하는 데 코 안 만지는 사람이 누가 있겠습니까? 중생들은 과거 다생에 자신이 탐진치 삼독에 습관들여 놓은 데 찌들어 쉬운 길을 놔두고 자꾸 고생길에 들려고 하니 생각해 보면 참 우스운 일이지요.

비교해 말한다면 술에 중독이 된 사람이 곤드레만드레 되어 길가에 엎어지고 정신이 없듯, 우리가 탐진치 삼독에 중독이 되면 헤어 나지 못합니다. 술만 깨면 본시 정당한 사람인데 중독이 되어 탈피하지 못하고 자꾸 술집을 찾으려고 합니다. 우리도 탐진치 삼독에 습관이 딱 배어 있습니다. 다생에 그것만 익혀 왔던 터라 그게 무슨 큰 보배인 줄 알고 탐진치에 얽매여 바로 앞에 있는 자기 주인을 잊어 버린 채 허둥대고 사는 것이 우리 중생입니다.

만 가지를 일으키되 고요함을 잃지 않네

눈으로 모든 걸 바라 보지만 가까이 자기 눈을 보는 사람이 없듯이 자기 주인을 못 봅니다. 그래 "내 눈이 어디 갔노?" 하고 찾는다면 그 사람이야말로 어리석은 사람이지요. 눈은 보이지 않지만 항상 가지고 있지 않느냔 말입니다. 잠시도 여의지 않고 산하석벽山河石壁, 두두물물頭頭物物이 현존해 있음을 항상 보고 했으니 이게 분명 눈이 아니냔 말입니다. 그런 것을 새로이 어디 가서 눈을 찾으려 하니 억만 년 찾는다 해도 못 찾는 겁니다.

우리의 마음도 평생 갖고 있는 겁니다. 누가 훔쳐 간 것도 아니고 누가 훔쳐 갈 수도 없는 이 마음은 마치 허공과 같아 누가 칼

만일 그 자리가 본시 큰 자리라 하면 다시 작지 못하고,
그 자리가 만약 둥글다면 다시 모나지 못하고,
그 자리가 만약에 본시 악한 것이라면 다시 착하지 못하고,
그 자리가 만약 붉은 것이라면 다시 희고 푸르지 못할 것입니다.

로 그은들 상처가 날 리 없고, 누가 불로 태운들 그슬리지 않고, 누가 묶어 가지고 갈 수도 없고, 묶어 올 수도 없습니다. 그런 허공 끝까지 간다 해도 허공 끝까지 갈 사람이 누가 있겠습니까? 바로 이 자리가 허공 끝인 것을 억만 년 헤매 봐야 만날 그 자리지요.

이렇듯 마음은 허공과 같아서 도저히 우리의 사량분별이나 지식이나 상념으로는 헤아릴 수 없습니다. 그러나 인연 따라서, 누가 부아지르면 부아낼 줄 알고, 누가 칭찬하면 좋아할 줄 알고, 슬픈 일 있으면 눈물 뿌리고 울 줄 알고, 기쁜 일 있으면 덩실덩실 춤출 줄 알고 이렇게 분명하게 작용하고 있습니다.

만일 그 자리가 본시 큰 자리라 하면 다시 작지 못하고, 그 자리가 만약 둥글다면 다시 모나지 못하고, 그 자리가 만약에 본시 악한 것이라면 다시 착하지 못하고, 그 자리가 만약 붉은 것이라면 다시 희고 푸르지 못할 것입니다. 그런데 바로 그 자리에서 온갖 작용이 일어 나니 그것은 분명 큰 것도 아니요, 적은 것도 아니요, 모난 것도 아니요, 둥근 것도 아니요, 푸른 것도 아니요, 검은 것도 아니요, 착한 것도 아니요, 악한 것도 아닙니다. 그렇기 때문에 때로는 착하기도 하고 악하기도 하고, 붉기도 하고 희기도 하고, 울기도 하고 웃기도 하고 갖은 짓거리를 다할 수 있는 자리입니다. 이것이 마음이 허공과 다른 점입니다.

허공은 웃을 줄도 모르고 울 줄도 모르고 아무 감각이 없지만, 우리의 그 자리는 온갖 것, 천하 만 가지를 다 창출하는 조물주다 이겁니다. 그것이 바로 눈앞에 빛나는 여러분의 주인공입니다. 비록 만 가지 행동이 일어 나도 본래 그 마음 자리는 조용하고 적적하여 한 그림자도 없으니 바로 그 자리가 청정법신입니다.

모르면 처처에 걸리네

우리는 항상 자기 색깔을 가지고 모든 것을 바라 보기 때문에, 그 자리를 못 보는 것입니다. 탐심의 색깔, 진심의 색깔, 시기 질투하는 그런 온갖 자기 색깔로 짙게 물들인 안경으로 보니 전체를 못 보는 것이지요. 그러나 바로 눈앞의 빛나는 밝은 그 자리로 보면 삼천대천세계가 그대로 훤하게 비칩니다.

형단이 없는 이 마음은 일체 구애를 받지 않습니다. 우리 몸은 문을 열어야 드나 들 수 있습니다. 형단이 있으면 이렇게 구애를 받지만 그 자리는 형단이 없기 때문에 일체 구애를 받지 않습니다. 그러니까 우주 전체와 내가 둘이 아니지요. 우주 전체가 바로 내 몸입니다.

상념이 끊어진 자리에 떡 앉아 있으면 과거 현재 미래가 따로 없어 일념즉시一念卽是 무량원겁無量遠劫입니다. 부처

휘홀로 보는 육조스님 말씀 曹溪心印 (조계심인)

님이 보리수 하에서 6년 동안 수행하신 것이 한 찰나에 지나가는 것이지 6년이 지루하다는 생각이 있었으면 그리 앉아 있지 못합니다. 병이 나지요. 이렇듯 우리가 시간, 공간을 초월해 마음 자리에 서고 보면 일념이 곧 무량원겁이고, 무량원겁이 곧 일념입니다. 이 한계 없는 자리를 알 때 어디 걸릴 데가 있겠습니까? 그 자리를 모르기 때문에 처처에 걸려 살고 있을 뿐입니다.

고통도 기쁨도 머물다 떠나 가네

중생보다 더 아프고 중생보다 더 기쁜 부처 마음

　우리가 부처님의 가르침을 배우고 수행하는 것은 다 자기 인생의 근본을 밝히자는 것입니다. 그런데 이 자기 인생의 근본을 깨우쳐 주시는 부처님의 가르침이란 본시 우리의 사량분별이나 이론으로는 얻을 수도 없고, 가르치거나 배울 수도 없는 것입니다. 왜냐 하면 우리가 배우고 가르친다는 것은 전부 근본 마음에서 일어난 생각이고, 또 그 생각이란 것은 모두 근본 마음에서 일어난 그림자이기 때문입니다. 모든 상념을 주워 듣고 횡설수설하는 가르침을 이리저리 좇아서는 내내 그 자리에 있는 근본 마음을 볼 수 없습니다.

일체 생각이 일어 나기 전 그 자리가 바로 빛나는 우리의 본래 생명체입니다. 부처님께서 49년 동안 설하신 것도 다 이러한 근본 자기 자리를 깨치는 방법에 관한 것입니다.

우리가 여기에 모여 선 수행을 하자는 것도 그런 부처님의 뜻과 통하는 것으로, 본래 마음 자리를 밝혀 수행과 생활이 둘이 아닌 불교를 일으키자는 것입니다. 그래서 어떻게 해야 울고 웃고, 앉고 서고, 가고 오고 하는 모든 인간사에서 그 진리에 어긋나지 않는 생활을 할 수 있느냐 하는 것이 우리의 공부 과제입니다.

참선 수행을 하여 망상에 사로잡히지 말고 무심해지라 하니까 그저 아무것도 하지 않고 우두커니 앉아 아무런 생각도 없이 있는 것을 수행이요, 불교라고 착각하는데 그런 것이 불교는 아닙니다. 그런 것이 불교라면 부처님이 어찌 중생의 아픔을 알 수 있겠습니까?

본래 마음 자리를 깨쳐야 모든 것을 소소영영하게 그대로 비출수 있습니다. 그렇게 되어야 비로소 친구의 슬픔에 진정으로 같이 슬퍼하며 눈물 흘릴 수 있고, 또 기쁜 일에 같이 기뻐하며 춤추고 노래할 수 있습니다. 다만 그 슬프고 기쁜 여운을 몇 날 몇 달 몇 해를 끌고 가지 않을 뿐이지요. 이렇게 누구보다도 중생의 삶을 세밀하고 정확하게 보고 느끼시는 분이 부처님이십니다.

한 번 분한 일이 있으면 잊지 못하고 그 경계가 지나 간 뒤에도 이를 갈고 분개하여 잠을 못 이루는 등 그런 경계에 걸려 벗어 나지 못하는 것을 이름하여 중생 세계라 합니다. 그러나 둥근 것이 오면 둥글게 비치고, 모난 것이 오면 모나게 비치고, 또 검은 것이 오면 검게, 흰 것이 오면 희게 비치는 맑은 거울과 같이 만물을 그대로 비치는 본래 마음 자리는 일단 지나 가고 나면 아무것도 비치지 않습니다. 그렇게 지나고 나면 그림자도 사라지기 때문에 온갖 경계를 그대로 비칠 수 있는 것이지요. 만약 우리가 온갖 희로애락을 끌어 안고 가듯 본래 마음 자리가 지나 간 그림자를 담고 있다면 그렇게 모든 것을 비칠 수 없습니다.

부처님이라고 바늘로 찔러도 아프지 않고, 더러운 것도 상관 없는 것이 아닙니다. 오히려 중생들보다 더욱 중생의 온갖 희로애락을 심각하게 느끼시되, 본래 때 끼지 않는 그 마음을 아무 구애 없이 구사하시기 때문에 중생의 고통을 해결해 줄 지혜를 갖춘 대해탈의 부처님이신 것입니다. 따라서 이 현실을 떠나 부처 되는 도가 따로 있을 수 없습니다. 그러기에 그런 부처님의 삶을 닮아 가고자 하는 우리는 남보다 더 쓰라린 감정을 깊이 이해할 수 있어야 하고, 그 괴로운 것을 어루만져 줄 수 있는 힘을 키워야 합니다.

그러니까 온갖 것을 느끼되 자기의 근본 마음에는 털끝만치도 흔들림 없는 그런 생활을 익혀 가는 것이 수행입니다. 그렇게 해서 근본 마음을 밝히고 보면 사실 어떤 행동에도 구애가 없게 됩니다.

즐거움도 괴로움도 인연따라 왔다 가는 손님

우리가 근본 마음을 한 번 밝히고 보면 울고 웃고 별 짓을 다 해도 밝은 부처 자리는 조금도 해치지 않으면서도 중생의 고락을 같이 하게 됩니다. 왜냐 하면 중생이 핍박받고 고통받는 요소들은 모두 잠시 왔다 가는 손님이기 때문입니다. 기쁜 일이라고 영원히 와 있는 것이 아니라 언젠가는 떠나 가고, 또 아무리 슬픈 일이라도 역시 언젠가는 사라지거든요. 태어 나면 반드시 죽게 마련이고, 만나면 헤어짐이 있어서 모든 경계가 다 손님으로 오고 가는 것입니다. 권력이나 명예, 슬픔이나 기쁨, 미움이나 사랑, 이 모두가 때가 되어 왔다가 때가 되면 가는 손님임을 알아, 오는 모습대로 다 환영하여 대우하고 또 갈 때는 보내주어야 합니다. 알고 보면 나한테 오는 손님은 다 까닭이 있어서 오는 것이지 인연 없이 오는 손님은 없거든요. 부자간이 되고, 부부가 되고, 친한 친구가 되고, 원수 되어 갈등이 생기는 것이 다 전생다생에 내가 뿌린 씨로써 그 반응이 찾아 오는 것입니다.

그런 이치를 안다면 좋은 경계가 왔다고 좋은 데 빠져 정신 없거나, 나쁜 경계가 왔다고 쩔쩔 매며 정신 못 차리지는 않습니다. 좋은 경계가 와도 언젠가는 갈 손님이요, 나쁜 경계가 와도 다 까닭 있는 손님이니 항상 후대해 주어야 됩니다. 또 안 보내겠다고 아등바등해도 떠날 손님은 언젠가는 떠납니다. 그렇게 마음 흔들림 없이 손님 대접을 잘할 때 내 생활에 후회가 없고 행복해집니다. 본래 때 끼지 않는 근본 마음 자리, 그 주인된 자리를 찾아 잊지 않을 때 비로소 손님 대접도 후해지고 항상 명랑한 생활이 됩니다.

그런 것을 중생들은 좋은 것은 언제든지 놓치지 않으려고 하고 싫은 것은 쳐다 보지도 않으려 합니다. 그래서 영원히 살 줄 알고 온갖 보약 먹는다고 동서남북 헤매고, 좋은 사람에게는 정신 없이 빠져들어 목숨도 걸고 취하려 하는 반면, 싫으면 상을 찡그리고 배척하여 멀리하니, 자연히 온갖 갈등의 끈을 끊지 못한 채 영원히 그 속을 헤어 나지 못합니다.

좋은 경계에도 나쁜 경계에도 흔들리지 말고

손님은 다 떠납니다. 권력이나 명예나 건강이나 보물들이 모두 손님이기에, 왔던 것은 떠나게 마련입니다. 그러나 우리 삶의 주인인 근본 마음 자리는 떠날 수도 없고 한 번도 그 자리를 이탈

하는 법이 없습니다. 그야말로 시작도 없고 끝도 없고, 태어남도 없고 죽음도 없는 영원히 불생불멸하는 자기 주인이지요. 이 주인은 형단이 없어서 일체 손해를 입을 수도 없고 여윌 수도 없습니다. 이것이 우리의 위대한 근본 생명체입니다. 바로 이 마음자리를 발견해야 합니다. 그래서 모든 것에 구애받지 않는 자기 주인인 이 보배를 하나 얻어 놓으면 그야말로 천하가 태평합니다.

그 자리는 고통도 줄 수 없고 죽을 수도 없는데 무슨 걱정이 있겠습니까? 그런 자리를 못 보고 모르니까 육척단구의 이 몸뚱이를 자기의 전 재산인 줄 알고, 잠시 있다 떠나는 손님인 그 온갖 경계에 매달려 허덕거리며 영원히 방황합니다.

항상 또렷하여 누가 빼앗아 갈 수도 없고 죽일래야 죽일 수도 없이 갖추어져 있는 본래 그 자리는 중생 세계에 있어서도 조금도 모자라지 않고, 성불했다고 해서 더 보태지는 것도 아닙니다. 그러니까 우리 중생이 지금은 비록 망상 피우고 고통스럽다고 해서 그 자리가 털끝만치도 소멸되거나 닳아 없어지는 것은 아니라는 말입니다. 깨닫거나 깨닫지 못하거나 부증불감으로 항상 가지고 있는 그 자리거든요.

다만 우리가 착각으로 마음의 그림자에 싸여 살아 가고 있으니 정신 차리고 그 자리를 보자는 것이 불교입니다. 모든 생각이 본

둥근 것이 오면 둥글게 비치고, 모난 것이 오면 모나게 비치고,
또 검은 것이 오면 검게, 흰 것이 오면 희게 비치는 맑은 거울과 같이
만물을 그대로 비치는 본래 마음 자리는
일단 지나 가고 나면 아무것도 비치지 않습니다.
만약 우리가 온갖 희로애락을 끌어 안고 가듯
본래 마음 자리가 지나간 그림자를 담고 있다면
그렇게 모든 것을 비칠 수 없습니다.

래 공한 줄 알 때, 좋은 경계가 오더라도 정신이 팔리지 않고 근본 자기 마음 자리를 비추어 보고 그것을 처리할 수 있는 정확한 응대를 하게 됩니다. 그래야 좋은 경계나 나쁜 경계나 항상 냉정하게 이성적으로 판단해서 다시 그 경계에 말려 들어 가지 않는 자기 생활을 하게 됩니다.

어렵다고 생각하니 어렵다

그 자리를 하나 얻어 놓으면 종일 웃어도 웃는 바가 없고, 종일 얘기해도 한 마디 말한 바가 없습니다. 허공에 온갖 것이 지나가고 번개가 치고 뇌성이 울려도 허공에 무슨 상처가 있겠습니까? 그렇듯이 그 한 자리만 얻어 놓으면 어떠한 생활이라도 조금도 구애받지 않습니다.

바로 그 자리를 알아야 불교의 문 안에 들어 오는 것입니다. 그 자리를 알지 못하면 아무리 팔만 사천 법문을 종으로 횡으로 외운다 해도 문 밖의 일이라 온갖 것에 헤매고 처처에 걸리지 않는 것이 없습니다. 그러나 그 자리를 떠억 알고 수행하면 만사가 태평합니다.

그런 태평한 인생을 살자는 것이 불교인데 어려울 까닭이 없습니다. 다만 우리가 항상 갖고 있는 주인된 자리, 근본 마음 자리를 잊고 자꾸 어렵게 생각하니까 어려워질 뿐이지요. 그러나 어렵다는 생각만 따라 가면서 온갖 사량분별 일으키며 따지고 있으면 그 생각이 일어 나는 바탕인 근본 마음은 끝내 극복할 수 없으니 어렵습니다.

태평하고 즐겁고 명랑한 삶을 이루는 길, 그 길은 멀리 있지 않습니다. 자꾸 밖으로 좇아 멀리 헤매지 말고, 지금 이 자리에서 자기 모습을 돌이켜 보는 것에서 시작해야 합니다.

知王來佛能如夢
始本覺本成王露
昧明淨已證如電

휘호로 보는 큰스님 말씀 始知衆生 本來成佛 生死涅槃 猶如昨夢 (시지중생 본래성불 생사열반 유여작몽)

만법은 마음에서 일어 난다네

눈을 뜨면 바로 그 자리

생각이 일어 나기 이전의 빛나는 자기 마음이 바로 부처입니다. 그것을 모르고 마음 밖에서 부처를 찾는 사람은 '연목구어緣木求魚'라, 나무에 올라 물고기를 구하려는 것과 같습니다.

마음이 없는 사람이 어디 있겠습니까? 바로 그 마음을 똑바로 보라는 것이 불교인데 잘못 알아 희로애락의 한 생각에 따라 일어나는 온갖 빛나고 냄새나는 형단을 좇다 보니 삼재팔난三災八難이 일어 납니다. 이것이 전부 마음에서 일어 나는 그림자입니다. 그런데 우리는 마음에서 일어 나는 온갖 삼재팔난을 면하는 정당하고 밝은 방법을 두고 자꾸 바깥으로 찾아 헤맵니다.

번뇌망상이나 복잡한 생각을 하다가 혼혼하면 그만 혼침에 빠져들어 갑니다. 그 혼침과 산란심을 제거하여 마음 자리를 밝히자는 것이 불교입니다. 혼침에 빠지지 말고 산란에도 빠지지 말고 바로 목전에 눈을 딱 뜨고 자기 주인을 찾으면 바로 그 자리에 있습니다. 자기 주인은 모양이 없어 보이지 않습니다. 그것은 마치 자기는 자기 눈을 보지 못하는 것과 같습니다. 눈이 온갖 것 다 보지만 자기 눈은 못 본다고 눈이 없느냐 하면 그것은 아니지요. 천하를 살피는 것이 눈입니다.

자기 눈을 본다는 사람은 정신 나간 사람이지요. 남의 눈을 보고 보는 것은 추상적으로 보는 것이고, 거울에 비쳐 보는 것은 그림자를 보는 것이지 자기 눈을 바로 본 것은 아닙니다. 스스로 자기 눈을 못 본다는 것을 알 때 눈을 바로 본 것입니다. 내 눈이 어디 갔나 하고 바깥으로 헤맨다면 그 사람은 억만 년이 지나도 자기 눈을 못 봅니다. 못 보는 줄 알 때 다시 고생스럽게 헤매거나 찾으려 하지 않습니다. 그것이 우리가 일체 판단하는 밝은 그 빛입니다. 그게 본시 모양이 없는데 보이겠습니까? 그런데 그 모양도 없는 것이 얼마나 밝게 보고 있느냔 말입니다. 보이지 않는 것을 찾을 수 없는 것인 줄 알 때 그 사람이 바로 안 것이지요.

그러니 자꾸 헤매고 찾는 그 수고가 헛수고입니다. 잃었던 자기를 발견하는 것, 거기에는 시간과 공간을 초월해서 불생불멸하고 때묻지 않은 자리를 똑같이 다 갖고 있습니다. 거기서 어긋나게 되면 그 자리를 잃어 버리고 탐진치 삼독에 빠져 온갖 빛깔이 있고 모양이 생겨 나는 겁니다. 이러한 마음 자리를 마음대로 구사할 수 있는 자리가 오자悟者의 경계입니다.

한 생각 일으키니 원효가 드러 나네

원효 스님께서 스스로 복성거사라 하며 중생을 위해서 봉사가 등불을 들고 가는 식으로 생활을 할 때입니다. 한 번은 낙동강 방면에 있는 영천사라는 절에 가서 공양주를 할 때였습니다. 마침 그 절에서 수십 명의 학인들이 원효 스님이 저술한 『화엄소초』를 가지고 공부하고 있었지요. 『화엄소초』는 밝게 잘 되어 있기 때문에 모범 교본으로 사용되었습니다. 원효 스님은 공양을 마친 뒤면 학인들이 어느 정도 공부를 하는가 싶어서 바깥에서 논강하는 것을 엿들었습니다.

논강이라는 것은 팔만대장경을 밤새도록 연구하여 각각 발표하는 것을 말합니다. 학인들이 죽 모여 앉아 있으면 누구를 먼저 정할 수 없으니까 침통을 흔들어 그 침이 떨어지는 자리에 있는 사람부터 논강을 시작합니다. 첫 번에 죽 새기는 사람이 있고 또 그 이치를 설명하는 사람이 있고, 그러고 나서 대중이 서로 논쟁을 하는 방법이지요. 그냥 배우기만 하고 지나치지 않고 깊이 연구하여 토론을 하는 것이라, 격한 사람은 마음이 안 통하면 책상을 바깥으로 날릴 정도로 심각한 논쟁을 합니다. 그렇게 모두 뼈 빠지게 공부를 해서 팔만 사천의 경계를 뚫어 내는 그런 제도이지요.

하루는 원효 스님이 문밖에서 그런 치열한 논강을 가만히 듣고 있는 것을 잠시 바깥으로 나온 학인 스님 한 분이 보고는 "공양주가 뭘 안다고 여기 와서 듣고 서 있냐?"라며 핀잔을 주었습니다. 처음에는 겸손하게 "스님네 공부하는 그 소리라도 한 번 들으려고 그럽니다."라고 말했습니다만 곧이어 "소귀에 경 읽기지, 공양주나 할 노릇이지 뭘 안다고 듣고 있나, 어서 가서 공양이나 짓지."라는 핀잔을 듣자, 원효 스님 마음속에 '그 학인 참 괘씸하다.'는 생각이 번갯불같이 일어 났습니다. '아무리 학인이지만 너무 지나치게 사람을 무시한다. 더구나 내가 지은 글을 가지고, 내가 해 주는 밥을 먹고 공부를 하면서 어찌 그럴 수가 있느냐?'라는 괘씸한 생각이 일어났던 것이지요.

그런데 그 절 위쪽 암자에는 방울 스님이라는 노장이 계셨는데 이가 시원치 않아 늘 공양간에서 누룽지를 얻어 끓여 가지고 드셨습니다. 그래서 원효 스님은 아주 정성스럽게 밥을 잘 눌게 하여 누룽지를 만들어 그릇에 담아 항상 그 스님이 오시기를 기다

렸다가 드렸지요. 그런데 그날은 그 스님이 누룽지를 가지러 오시지를 않자 궁금해진 원효 스님이 누룽지를 가지고 방울 스님을 찾아가서 "스님, 왜 오늘 안 오셨습니까?" 하고 물었습니다. 방울 스님은 "어제 먹던 게 남아서 안 갔네."라고 대답하시면서 대수롭지 않게 이런 말씀을 덧붙이셨습니다. "여기 학인들은 참 복도 많지. 원효 스님이 저술한 책에, 원효 스님이 지어주는 밥을 먹고 공부를 하니 얼마나 복이 많아."

원효 스님은 한 번도 자신이 원효라고 발설한 일이 없는데 방울 스님이 어찌 알았나 싶어 깜짝 놀랐지요. 그래 방울 스님에게 "제가 아무한테도 말한 바 없는데 어찌 알았습니까?" 하고 묻자, 방울 스님은 "탁한 귀신의 눈도 못 속이는데 내 눈을 속일 수 있겠소?"라고 대답했답니다.

그러니까 방울 스님은 그 학인이 원효 스님에게 무시하는 말을 할 때에 원효 스님 마음에 '그 참 괘씸하다.' 라는 한 생각이 일어나는 것에서 원효 스님이라는 것을 발견한 것이지요. 방울 스님의 말씀에 원효 스님은 '아하!' 하고 새롭게 깨치셨습니다. 사실 원효 스님이 그 괘씸한 감정을 조금 내비쳐서 그렇지, 그렇지 않으면 귀신뿐 아니라 아무리 도인이라 해도 절대 모릅니다.

마음 밝혀서 생기는 힘

이 중생계에 모든 귀신이 핍박하는 것은, 탐진치 삼독의 그림자에 빛나는 자기의 부처 자리가 가렸기 때문에 그 컴컴한 그림자를 타고 모든 요괴나 귀신들이 침범하는 것입니다.

그러나 우리가 마음을 바꾸어서 정진하고 염불하고 주력하여 참 자기의 그 빛을 보면 귀신이 찾아들 수도 없고 비록 초청을 한다 해도 눈이 부셔서 오지 못합니다. 이렇듯 마음을 밝힌다는 것은 바로 이 세상을 살아 가는 큰 빛이 되고 힘이 되지요.

이러한 것이 하루아침에는 잘 안 된다 하더라도 한 시간 익히고 두 시간 익히고 하루, 이틀 익히면 금방 큰 진전이 없는 것 같다 해도 누가 조금만 거슬리면 부아내던 사람도 조금 화가 치밀다가도 깜짝 놀라며 '내 본래 이 마음 자리는 깨끗한데 이 진심이 어디서 일어 났는가?' 하여 생각을 돌이켜 마음을 가라앉힐 수 있는 여유가 생깁니다. 그러니까 갈팡질팡 정신없이 그 감정에 따라가던 것이 점점 그 횟수도 줄고, 강도도 낮아지면서 그렇게 자꾸 하다 보면 나중에는 누가 얼굴에 더러운 것을 칠하고 뺨을 때려도 씩 웃을 수 있는 마음의 여유가 생기게 됩니다. 말하자면 철 없는 아들, 딸들이 자기 부모한테 함부로 해도 철이 없다고 생각하여 미워하지 않듯이 모든 사람들이 좋지 못한 감정을 일으키는 것을 보아도 철없는 사람으로 보게 되어 그것에 휩쓸리지 않는 것과 같습니다.

자기 발견하는 이 일밖에 할 것이 없네

감정에 이리저리 휩쓸리는 사람은 나이가 백 살이 들어도 철없는 사람입니다. 사실 누가 나이가 더 많고 덜 많은 것은 없습니다. 껍데기를 며칠 바꾸어 썼기 때문에 어리다고 하는 것이지 나이 많은 이가 새로 태어 나면 어린애가 되거든요.

이렇듯 우리 마음의 고향인 그 자리는 늙고, 병들고, 나이 먹고, 남자고, 여자고 하는 일체 차별이 없습니다. 그러한 절대적인 자리가 '천상천하 유아독존'입니다. 그래서 부처님 문화를 그대로 받아쓴다고 하면 절대 자비로서 모든 생명이 나와 똑같은 생명이지 개미, 버러지의 생명이라고 업신여기면 안 됩니다. 그 업이 두터워 개미, 버러지의 미세한 생명을 얻기는 했어도 그 놈도 근본 불성 그 자리는 아주 없어진 게 아니거든요. 나 또한 지금은 비록 인간일지라도 짐승과 같은 업을 지어 놓으면 짐승이 되고, 선업을 지으면 천당에 가고, 악업을 지으면 지옥에 가는 것입니다. 부처님이나 스님이 천당과 지옥으로 밀어 넣는 게 아니라 자기 스스로 그 세계를 구축하는 것이지요.

이러한 가장 쉬운 이 진리를 전부 외면하고 살기 때문에 세상이 이렇게 혼탁해지는 것입니다. 그러니 이 불교가 유통된다면 천하는 스스로 평탄해지지요. 대자대비라는 진리에는 절대 적이 없으니까요.

여러분이 서로 남남이라고 하지만 조금만 시야를 넓히면 전부 동포, 형제가 되어 내 친척 아닌 사람이 없습니다. 우리는 무시 겁래로 이 세상에 올 때 다 부모를 의지해서 몸을 받아 나는 겁니다. 부모 없이 태어난 사람은 하나도 없습니다. 그렇게 수 억 년의 세월 동안에 이 육신을 수없이 받아 왔는데 부모, 형제, 내 친척이 아닌 사람이 누가 있겠습니까? 시간이 조금 지나서 잊어 버렸을 뿐이지, 다 내 몸과 똑같아 내 고통이 바로 이웃의 고통이요, 이웃의 고통이 바로 내 고통입니다. 이러한 대자비의 사상이 모두에게 알려질 때 이 사회는 저절로 평화로워지고 자비로워지는 겁니다.

부처님의 가르침은 귀를 한 번만 거쳐 가도 참으로 통쾌하고, 살아가는 데 빛이 되고 힘이 됩니다. 광겁의 부처님 진리가 우리 곁을 잠깐이라도 지나 갔다는 것만으로도 우리는 대단히 선택된 인생이 아닐 수 없습니다. 그러므로 우리는 몸이 부서지기 이전에 이 몸을 가진 이대로 위대한 자기를 발견하는 데 매진해야 합니다. 그것밖에는 우리가 할 것이 없습니다.

극락도 지옥도 마음에서 일어 나네

염불을 열심히 하고 공부를 하면 꿈속에서도 항상 성현을 만나고 마음이 쾌활하고 밝아집니다. 그와 반대로 남을 모략하고 중상하여 마음이 탁해지면 꿈에서도 컴컴한 그림자 속에서 헤매게 되니 극락은 어느 누가 던져주는 게 아니라 스스로 믿고 행해야 이루어지는 것이지요.

옛날에 어느 군인이 한 스님을 찾아 와서 "극락과 지옥을 설명해 주십시오?" 하니 스님이 눈에 번들개가 나게 군인의 뺨을 후려쳤습니다. 그러니 군인이 부아가 날 게 아니겠어요. 선지식이라고 해서 찾아와 절을 하고 극락과 지옥을 설명해 달랬더니 냅다 뺨을 후려치니 청천벽력으로 얼떨떨해 있다가 아무리 도가 높다고 소문이 난 스님이지만 괘씸한 생각이 들어 혼내주려고 권총을 뽑자 그 노장이 눈치 빠르게 그만 버선발로 내뺐습니다.

그러니까 군인도 스님을 막 따라 나와서 도량을 이리 돌고 저리 돌고 피하고 쫓기기를 몇 바퀴 돌아 보니 스님도 숨이 목에 차고 군인도 헐떡거리며 쓰러졌습니다. 그러자 스님이 "아, 그 참 지옥 설명하기가 힘드는구나." 하고 말씀하셨습니다. 군인은 한참 도량을 돌다 보니 감정도 좀 삭아지고 몸이 노곤하여 반은 화가 풀렸는데 그 소리를 탁 듣고 보니 '아하, 내가 둔했구나.' 하는

한마디 들었으면 정신차리고 24시간 그것을 행해야 합니다.
실행하지 않고는 백만 가지를 외워 봐야 아무 소용이 없습니다.
우리가 24시간 생활을 하면서 항상 용맹정진을 할 때
우리 마음 자리는 독 안에 있는 자랍니다. 독 안에 있는 자라가 어디 가겠습니까?
우리가 울고, 웃고, 가고, 오고, 부아내고 기뻐하는 바로 그 자리지요.

一遊白雲

회향으로 보는 ≪논어≫ 말씀 ―歸/何處 (일거하처)

지혜가 일어나 하하 웃으면서 "스님, 죄송합니다."라고 했습니다. 그때 "그것이 극락일세."하는 것이 스님의 말씀이었습니다.

극락과 지옥이 다 그 자리에 있지 어디에 있겠느냐는 것이지요. 모든 것은 다 우리 관념에서 일어납니다. '일체유심조요, 삼계가 유식이요, 만법이 유심이라.' 욕계, 색계, 무색계가 전부 마음에서 일어 나고 모든 만법이 다 마음에서 일어 납니다. 한마디 불법만 알면 전체를 아는데 뭘 많이 배우려고 허덕거리고 노장의 글귀나 요괴문자만 가지고 주물럭거리다 갑니까?

한마디 들었으면 정신차리고 24시간 그것을 행해야 합니다. 실행하지 않고는 백만 가지를 외워 봐야 아무 소용이 없습니다. 우리가 24시간 생활을 하면서 항상 용맹정진을 할 때 우리 마음자리는 독 안에 있는 자랍니다. 독 안에 있는 자라가 어디 가겠습니까? 바로 우리가 울고, 웃고, 가고, 오고, 부아내고 기뻐하는 그 자리지요.

이런 불교의 가르침을 우리가 외면하고 수없이 헤매고 있습니다. 어떻게든지 몸이 부서지기 이전에 이 문제를 분명히 해결해서 내 스스로 24시간 또렷한 인생을 살 수 있기를 갈망하는 바입니다.

정토세상 만들기

거제도에서 정토가족에게

지혜로운 이는 어리석은 이를 탓하지 않네

근본을 고쳐야

이 세상 모두 다 잘 살려고 합니다. 모든 사람이 다 잘 살려고 하지 잘못 살려고 하는 사람은 아마 약하려고 구해도 하나도 없을 것입니다. 남의 생명을 죽이고 도적질해서 형무소 끌려 가는 사람에게 물어 봐도 잘 살려고 했다고 하지 형무소 가서 못살려고 했다는 사람은 하나도 없습니다. 목표는 똑같이 잘 사는 것인데 방법이 어긋나서 세상이 착잡해집니다. 방법이 잘못 되었지요. 요즘 정치 풍토도 보면 뭐 지방자치 체제니 내각책임제니 자꾸 수없이 변동하고 있으나 그것 천 번 만 번 바꾼다고 달라지는 것이 아닙니다. 결국 근본을 모르기 때문이지요. 부처님께서는 인과의 원리를 알고 12인연법을 알아서 잘 사는 법을 제시했건만 사람들은 전부 등지고 삽니다. 그래서 말로만, 구호로만 잘 살려고 하지 점점 더 깜깜한 굴로 기어들어 가는 행동을 많이 합니다.

모든 사람들의 잘못된 정신을 바꾸는 운동을 해야 합니다. 잘하는 사람은 어디 갖다 놓아도 잘합니다. 못하는 사람은 어디 갖다 놓아도 못하고 사고를 냅니다. 정신을 고치기 전에는 그 사람 여기 갖다 놓는다고 잘되고 저기 갖다 놓는다고 잘못되는 것이 아닙니다. 항상 그 근본을 고치지 않으면 어떠한 제도로 고치려 해도 고쳐지지 않습니다. 정치도 이 근본 정신 세계가 바로 서는 정치를 해야 하는데, 그런 것에는 관심없고 껍데기 제도만 자꾸 고치려 하니 안 됩니다.

오늘날 우리 사회도 부처님 법만 이해한다면 하루아침에 정돈이 됩니다. 부처님은 항상 남을 위하라, 자비보시하라 하십니다. 남을 위한다는 소리가 사실은 자기를 위하는 길입니다. '자타불이自他不二'라 자신을 위하는 법이 다 남을 위하는 법입니다. 부처님 근본 법을 전부 다 망각하고 어떠한 제도로 꿰어 맞추어서는 안 됩니다.

모든 중생들이 마음만 고쳐 먹으면 이 사회가 그대로 태평합니다. 남을 위하는 것이 불교 정신이 아니겠어요? 남을 위하는 데는 다툼이 있을 수 없습니다. 남을 위하는데 무슨 다툼이 있겠습니까? 항상 반목하고 시기하고 질투하고 남을 해치는 데서 모든 문제가 일어 나지, 남을 도와주는 사람들로 가득 차면 세상이 어지러워지지 않고 다 잘 살게 됩니다.

사람들은 자기가 평생 먹고 쓸 것 갖고 있어도 더 가지려 하고 온갖 것을 쌓아 놓습니다. 이렇게 자꾸 천 년 만 년 살 것처럼 자꾸 모아 두니까 물건이 돌아 가지 않고 인심이 각박해집니다. 문을 다 열어놓고 물건이 펑펑 잘 돌아 가게 하면 마음도 너그러워지고 문에 쇳대를 채울 일도 없이 서로 잘살텐데, 부처님 법을 몰라서 어떻게 되든 무조건 많이 쌓아 놓고 삽니다.

내 욕심대로 하면 잘 살 줄 아는데, 정말 잘 사는 법을 모르는 것이지요. 서로 베풀어 주고 남을 도와주고 스스로 열심히 산다면 천하가 다 자기 재산이고 세상이 평화로울텐데 모두 불법에 어긋나서 못사는 것입니다. 정신을 못 차리는 것이지요.

하나만 고치면 다 바로 선다

하나만 고치면 다 바로 섭니다. 그러니까 이 국가 정치란 것도 정신 상태만 바로잡고 부처님 법만 성하면 사회가 안정이 됩니다. 부처님 법을 배신하고 중생의 욕심으로 얽히면 세상은 어지러워집니다.

우리가 불교 운동한다는 것은 별것이 아닙니다. 우주가 흘러 가는 진리요, 살아 가는 정당한 이 이치를 밝힌 것이 불교지 그것 밖에는 아무것도 아닙니다. 세상 사람은 어떤 기적이나 무슨 신비한 법이 따로 있는 양 자꾸 찾는데, 그런 것 때문에 오히려 점점 헷갈리고 어지러워집니다. 부처님 법은 다른 것이 아닙니다. 팔만 사천 법문이 서로 양보하고, 서로 도와주고 자타가 따로 없이 나 하나가 전 세계 인류와 똑같은 위치로 서로 협조하자는 내용입니다. 그래야 우리가 잘살아집니다.

부처님 팔만 사천 법문이 다 똑같은 소리입니다. 한마디도 다르지 않습니다. 깊게 살피면 다 똑같은 소리지요. 하나도 다름이 없습니다. 하나를 깨치면 전체가 다 알아집니다.

눈앞의 한 생각을 찾아라

우주 생기기 이전의 자기를 항상 놓치지 말아야 합니다. 불교는 다른 것이 아니고 우리가 그런 근본 자기의 마음, 본래 우주가 생기기 이전, 내 몸 받기 전에 있는 자기의 '본래면목本來面目'을 밝히자는 것입니다. 그 본래면목을 알면 항상 그 자리입니다. 시간이 수억만 겁 흘러도 다름이 없습니다. 지나간 과거나 미래에 다가오는 것보다 바로 '현전일념現前一念' 눈앞의 한 생각,

그 한 생각을 찾는 것이 가장 현명한 방법입니다.

참선을 하든지 염불을 하든지 무엇을 하든지 바로 눈앞의 한 생각 현전일념 내놓고는 없습니다. 과거는 지나가 버렸고, 미래는 아직 안 다가 왔고, 그 현전일념을 우리가 살피며 살아 가는 그것이 자기 인생을 충실히 살아 가는 태도입니다. 현전일념 여의고는 없습니다. 현전일념은 흐르지 않는 본래 자리거든요. 과거, 현재, 미래가 다 그 현전일념에 묶여 있습니다. 무슨 과거나 미래가 따로 따로 조각난 것이 아닙니다. 현전일념이 바로 시간과 공간을 초월한 자기의 본래면목입니다.

현전일념, 그 자리만 한번 집중해 본다면 과거도 없고 미래도 없습니다. 바로 눈앞에 있는 그 자리에 과거, 현재, 미래가 일어나는 핵심이 있습니다. 슬픈 생각이 일어 난다 하지만 슬픈 생각이란 것이 도대체 없거든요. 참선하면 온갖 번뇌망상의 불꽃이 일어 나다가도 불이 꺼져 버립니다. 원수를 미워하다가도 가만히 앉아서 미워하는 생각이 어디서 일어 나느냐 돌이켜 보면 헛것에 속아서 울고 칼부림이 나고 한 것을 알 수 있습니다. 생각하면 참 우스운 일이지요. 흔들림 없는 근본 자기, 본래 자기가 본시 갖추어져 있는데, 자꾸 그 자리를 놓치고 헤매고 있으니 말입니다. 정진하고 참선하고 염불하고 기도하는 것이 제 본래 자리를 확인하기 위해서입니다. 그 자리를 확인할 때 모든 문제가 해결됩니

모든 사람들의 잘못된 정신을 바꾸는 운동을 해야 합니다.
잘하는 사람은 어디 갖다 놓아도 잘합니다.
못하는 사람은 어디 갖다 놓아도 못하고 사고를 냅니다.
정신을 고치기 전에는 그 사람 여기 갖다 놓는다고 잘되고
저기 갖다 놓는다고 잘못되는 것이 아닙니다.
항상 그 근본을 고치지 않으면 어떠한 제도로 고치려 해도 고쳐지지 않습니다.

힘들로 보는 흥느님의 말씀 拔苦與樂 (발고여락)

다. 다같이 헤매지 않는 위대한 자기를 발견하도록 정진합시다.

근본 자기를 깨우쳐주세

형식을 넘어

비록 이곳이 그 모양이 절이나 법당은 아니지만, 여러분이 법을 공부하고자 모였으니 그대로 법당을 하나 지어 놓은 것이지요. 사실 이 우주 법계가 그대로 법당이고, 부처님 사상을 퍼뜨리는 것이 다 법회입니다. 오늘도 이 거제도에 아침부터 상서로운 빛이 비치더니 여러분이 이렇게 모두 모여 법당을 하나 이룩하려고 그랬나 봅니다.

부처님도 맨주먹 쥐고 설산에 들어 가서 6년 고행을 했고 나올 때도 맨주먹 쥐고 나왔습니다. 금광을 파서 걸머지고 나온 것도 아니고, 사람을 많이 모아 결탁하고 온 것도 아닙니다. 혼자 맨발로 일곱 집을 다니며 밥을 얻어 먹었습니다. 조석 시간이 안 맞으면 못 먹어 굶기도 하셨습니다. 그런 의미에서 우리가 오늘날의 불교를 다시 한번 생각해 보아야 한다고 봅니다. 부처님께서 어째서 성불해 다 마치고도 맨발로 다니면서 7가식을 하셨는가. 이 점을 깊이 생각해야 합니다.

이 세상 중생사를 탈피하고 참다운 인생을 꿰뚫어 보는 그 세계를 열어 주신 분이 바로 부처님이십니다. 그런데 우리같이 못난 중도 가만히 앉아 있으면 누가 쌀 한 가마니며 몇 달 먹을 것을 갖다 주는데, 부처님은 어찌 되어서 성불하고도 돌아다니면서 얻어 자셨는가? 부처님께서 우리보다 복력이 없거나 공양받을 자격이 없어서 그랬겠습니까? 여기에 불교의 참된 뜻이 있습니다.

이곳은 눈에 보이는 우리들뿐만 아니라 눈에 보이지 않는 참말로 많은 중생이 모인 자리입니다. 여기서부터 참으로 부처님 사상을 인식하고, 부처님 사상을 고취하고, 부처님 사상대로 살 수 있는 기풍이 형성된다면 이 사회가 혼란한 것은 다 해결됩니다.

불교란 형식 속에 있는 것이 아닙니다. 좋은 명당에 큰 건물 차지하고, 단청하고, 수 천 명씩 모여 와글와글 한다고 불교가 발전하는 것이 아닙니다. 바른 정신을 지닌 사람이 있는 곳이면 다 그대로 법당입니다. 한 사람, 한 사람이 그러한 정신 세계에 눈을 뜨는 그런 운동을 해야 합니다.

한 생각 돌려 근본 자리로

이 우주란 것도 거품 하나 일어 나듯이 일어 난 것입니다. 요새 과학자들도 우주가 불덩이였는데 몇십억 년 전에 식어서 지구 덩어리가 되었고, 이것도 언젠가 무너질 것이라고 합니다. 그런데 이 지구란 것도 시간적으로는 수억만 년 되었지만 그 근본은 우리 개인하고 똑같습니다. 인간 수명이 100년 안쪽인데 100년이란 시간은 짧고 우주가 몇천만 겁 전에 일어 났으니 그것이 긴 것이 아닌가 하겠지만 다 똑같은 시간입니다. '일념즉시무량겁'이라, 한 생각이 한 없는 시간입니다. '무량원겁즉일념'이라, 무한히 많은 세월이 바로 일념입니다. 이 우주의 성주괴공과 우리 인간의 생로병사는 다 똑같습니다. 다를 것이 없습니다. 얼핏 들으면 100년 인생 다르고 우주 수천억 겁 다른 것 같지만, 눈을 뜨고 보면 똑같은 시간입니다. 왜냐 하면 시간, 공간이 따로 있는 것이 아니라 우리 중생의 업력으로 일어 난 것이기 때문입니다.

시간, 공간을 통해서 보는 우리의 이 한 생각을 돌이켜 보면 거기에는 고저가 없고, 장단이 없고 항상 그 자리일 뿐입니다. 우주가 생기기 이전, 여러분 몸이 생기기 이전 여러분의 존재가 어디에 있었는가 한 번 생각해 볼 필요가 있지 않을까요? 우주가 생기기 이전이라는 말이나 내 몸 생기기 이전이라는 말이나 다 똑같은 소리입니다. 몸이 생기기 이전에 나라는 존재는 어떠한 존재이고, 어디에 머물러 있었느냐 그것을 한 번 생각해 봐야 하지 않을까요? 지금 잠깐 동안이라도 좋습니다. 내 존재가 무엇인가? 우주 일월성신, 산하석벽, 모든 물체가 일어 나기 이전의 상태는 어떠했는가? 한 번 생각해 보면 꽉 막힐 것입니다.

이렇게 자기가 일어 나기 이전의 세계를 이야기해 보면 눈만 깜박거리고 이해가 안 되는 사람이 태반입니다. 그렇다고 우주가 생기기 이전에는 없었는가? 우주가 생기기 이전에 없었던 것은 분명 아닙니다. 그러면 그것을 우리가 어떻게 해결해야 하느냐. 내 몸 받기 이전에 이 우주가 생기기 이전에는 어떠했는가? 요새 과학자들은 '무無' '없다' 라고 합니다. 모든 물체는 전부 분자로 원자로 입자로 돌아 가는데 궁극에는 '무' 다, '없다' 고 현대 과학도 그렇게 말합니다.

일체 우주의 진리라는 것은 하나도 있는 것이 없다. 입자니 분자니 하는 것도 깊이 분석해 보면 없다 그럽니다. 그렇다면 없는데 어떻게 다니냐 하겠지요. 없는 그것이 바로 있는 것입니다. 아주 모순된 소리지요. 없는 것이 바로 있는 것이다. '색즉시공色卽是空', 색은 있는 것이고 공은 없는 것이 아닌가. 그런데 불교에서는 '색이 바로 공이요. 공이 바로 색이다.' 라고 합니다.

있고 없는 것이 둘이 아니라는 것도 내내 그 소리입니다.

우주가 부서져도 없어지지 않네

한 생각 돌이켜서 이 몸 받기 전 우주가 생겨날 때의 자기를 한 번 돌아 봅시다. 우주가 없고 만물이 없으면 자기가 없지 않을까 그러는데 자기는 있습니다. 아무리 천하가 다 부정해도 자기가 없지는 않거든요. 자기는 있지 않습니까? 뭐라고 표현은 못해도 자기는 있다 그것입니다.

옛말을 빌린다면, '건곤미분전乾坤未分前 증유차물曾有此物'이라, 하늘과 땅이 일어 나기 이전에, 우주 만유가 생기기 이전에 이 물건이 있었다고 합니다. 그 물건이 어떻게 된 물건이냐. 그 물건이 분명히 있는 것을 자기가 느끼고 아는데, '그럼 그 물건이라는 것이 어떻게 생겼느냐, 한 번 이야기해 봐라.' 하면 막힙니다. 미한 중생은 전혀 모릅니다. 혼곤하고 정신이 없어 어떻게 되지 모릅니다. 모르기 때문에 갈팡질팡하고 고통을 느낍니다.

부처님은 그것을 아는 분입니다. 하늘과 땅이 일어 나기 이전 자기를 아는 것을 이름하여 '부처다.' '열반이다.' 라고 합니다.

모든 물건이 일어 나기 이전의 자기! 모든 것이 없어져도 그 자기는 있습니다. 우주 만유가 다 부서져도 자기는 없어지지 않습니다. 중생이 다만 그것을 모르기 때문에 탐진치 삼독과 오욕락에 팔려서, 그림자에 따라 가니 거기에서 지옥도 벌어지고, 천당도 벌어지고, 인간, 만물, 삼계, 사생육도가 다 벌어집니다. 성인들은 따라 가지 않습니다. 당황하지도 않습니다. 지옥가도 지옥이 무너지고, 천당에 가도 일체 구애를 받지 않는 그것을 부처, 열반이라 합니다. 자기의 본래면목입니다.

그것을 우리가 알기 위해서 참선을 한다, 염불을 한다, 기도한다, 자기 반성하는 것입니다. 모르면 항상 당황하니까 그러한 그 세계를 터득하기 위해 애쓰는 것입니다. 시간과 공간이 없는 그 하나를 알면 됩니다. 그것을 알기 위해서 우리가 절을 짓고 기도하는 것이지, 절을 짓기 위해서 절을 짓는 것이 아닙니다.

그물이 없으면 고기를 못 잡으니까 고기를 잡기 위해 그물을 뜨는 것이지, 고기 잡은 다음에는 그물을 집어던져야 합니다. 그런데 인간은 그 자기 그물에 걸리거든요. 그물을 치장하고 그물에 걸립니다. 고기 잡는 근본을 망각하고 그물에 걸립니다. 오늘날 모든 종교 단체가 종교 단체라는 그 형상에 걸려서 근본을 망각하고 있는 것도 마찬가지입니다.

모든 것을 탈피하고 바로 그 자기 인간 본연의 근본 자리를 깨우쳐 주는 운동을 해야 합니다. 큼직한 절 하나 없더라도 방방곡

우리같이 못난 중도 가만히 앉아 있으면
누가 쌀 한 가마니며 몇 달 먹을 것을 갖다 주는데,
부처님은 어찌 되어서 성불하고도 돌아다니면서 얻어 먹었는가?
부처님께서 우리보다 복력이 없거나 공양받을 자격이 없어서 그랬겠습니까?
여기에 불교의 참된 뜻이 있습니다.

휘호로 보는 은사님 말씀 萬古光明 (만고광명)

곡 돌아다니면서 모든 중생의 헤매는 세계를 밝혀줄 수 있어야 합니다.

불교의 근본은 무엇이라고 통쾌하게 이야기하지는 못해도 그것보다 더 좋은 것은 없다고 내가 느끼기 때문에 여러분 보고 기탄 없이 이런 이야기합니다. 우리가 불교가 좋은 줄 알았으니 이제 이 좋은 법을 우리나라 국민뿐만 아니라 전 세계 인류가 같이 알아 다 잘 살 수 있는 운동, 그밖에 할 것이 더 있겠습니까.

다스리지 않아도 어지럽지 않다

정신 세계의 갑부

아도화상 한 분이 신라 불교에 불을 붙여서 1600년 지난 오늘날까지 우리나라 불교가 빛나고 있습니다. 지금 여러분을 보니 그런 보살 화현으로 보이는 분이 방에 가득 찬 듯합니다.

부처님 세계에 들어온 사람은 다 스님입니다. 머리 깎고 먹물 옷 입어야 스님이 아닙니다. 자기가 뼈빠지게 노력해서 법당 만들고, 누가 밀어 내도 중심 갖고 다시 서는 이것이 불교요, 그 사람이 부처님 제자입니다. 부처님이 편하게 살려면 얼마든지 편하게 살 수 있는데 궁성이며 가족, 지위 모두 집어던지고 거지가 되어 산중에 가서 피골이 상접하도록 공부한 그것이 다 진리에 들어 가고자 함이었습니다. 억지로 부처님 흉내라도 내며 살아야지요. 부처님은 모든 것 다 버리고 거지가 되었습니다. 이 세상에서 가장 복스러운 거지가 되었지요. 그래 '클 거巨' 자 '지혜 지智' 자라, 지혜가 밝은 사람이 참말 거지입니다.

거지 이야기 나왔으니 말인데, 옛날에 어떤 거지 부자父子가 길을 가다가 큰 부잣집에 불이 난 것을 보았습니다. 온갖 보배, 좋은 의복, 귀중한 살림살이가 잔뜩 쌓여있던 고방에 불이 붙으니까 식구들이 마당에 나가 발을 동동 구르고 울고 불고 야단들이었습니다. 그 모습을 바라 보던 아버지 거지가 아들 거지에게 말했습니다. "야, 이놈아. 너는 애비 잘 둔 줄 알아라. 내가 만약 잘살았다면 저렇게 되었을 것이 아니냐! 나는 아무것도 안 가졌으니 저런 걱정이 없지 않느냐? 애비 잘 둔 줄 알아라."라고 말했다 하니 정말 거지巨智가 아닙니까? 이까짓 것 언제나 무너질 수 있는 물질에 애착하는 것이 아니라 영원한 살림살이, 눈에 보이지 않는 재산을 쌓는 그 사람이 지혜로운 사람입니다. 그 사람은 아무것도 없지만 그렇다고 굶어죽지 않습니다.

이치대로 살면 입이 모자라지 먹을 것이 모자라지 않고 고깃덩이가 모자라지 걸칠 것이 모자라지 않습니다. 인간을 나태하게 하는 독약이 재산입니다. 그 몇 푼어치 안 되는 재산 때문에 나태해지고 윤리도덕이 다 무너져 버리고 세상이 험악해집니다. 욕심만 털면 입이 모자라지 굶어죽지 않습니다. 이런 생각을 갖고 있는 사람이 큰 지혜를 갖고 있는 사람입니다. 지혜가 모자라는 사람이 고방에 재산을 많이 두고 있습니다. 탐진치 삼독의 결정체가 재산입니다. 돈 많은 사람이 탐진치가 가장 많다는 소리가 되지요. 가진 것이 없는 거지에게는 천하 것이 자기 것입니다. 세계 제일 갑부라도 자기 재산 있고 자기 재산 아닌 것이 있어 자기 재산이라는 한계에 딱 부딪혀 아직도 더 보탤 욕심이 끝이 안 나지만 이 거지는 천하가 다 자기 것입니다.

　한 물건도 안 가진 사람이 지혜가 있지 재산 잔뜩 쌓아 놓은 사람은 큰 지혜는 없습니다. 있어 보아야 조그마한 지혜지 그 무슨 쓸모가 있겠습니까? 물론 재산이 많은 것을 일부러 집어던지고 거지될 필요는 없어요. 그 재산을 안 가진 셈 치고 이 우주의 재산이고 천하의 재산이라는 정신을 갖고 재산을 빛나게 쓰며 살아갈 때 그 사람이 참말 거지입니다. 얻어먹는 사람을 일러 거지라 하지만 참말 거지는 정신 세계에서는 큰 갑부입니다. 그러니까 정신 없이 사는 거지는 아닙니다. 천하를 다 거머쥔 사람이 진짜 거지요, 그런 분이 부처님입니다.

길인吉人이 사는 곳이 명당

　우리가 빈주먹 쥐고 살아도 자기가 살 만큼은 살아집니다. 욕심을 부림으로 해서 오히려 자기 앞길을 자기 스스로 막아 버립니다. 저도 토굴 하나도 없이 걸망지고 딱 나서니까 있을 곳을 마련해 주겠다고 가자는 사람이 나서거든요. 그래 이곳에 와서 보니 조용하고 바다도 보이고 하길래, "아, 이곳 좋습니다" 했더니 좋으면 아주 가지라고 넘겨 주겠다고 하더군요. 그래서 내가 "그 집을 어디로 넘겨 주겠습니까? 넘겨 주면 땅이 흔들거려 어디 살 수 있겠습니까?" 하고 농담을 했지요. 세상 일이 욕심으로 되는 것이 아닙니다.

　6·25때 어떤 마을에서 토굴 하나 짓고 지낸 적이 있었는데 그 지방에서 지리를 잘 본다는 사람이 와서 "아이구, 스님. 참 지리에 밝습니다. 터 하나 잡아 주십시오." 하고 매달리는 것이었어요. 그래 내가 무슨 터를 알겠느냐고 반문하니까 그 사람 말이 "내가 이 마을에서 여러 해 살았는데도 이렇게 좋은 터를 발견하지 못했는데, 스님은 잠깐 와 보고도 이 명당을 차지 하셨거든요."라고 하더군요. 나야 그저 뒤로 아늑하게 바람 막아지고 그 옆에 물이 있고 동네 멀지 않은 자리다 싶어서 집 지은 것뿐이었거든요. 그것도 집이라고 해야 비 안 새고 바람 막을 정도로 지은

것을 그 자리가 명당이라며 그런 명당 터 하나 잡아달라니 참 답답했지요. 그래 큰 소리를 한번 했습니다.

"길인吉人이 사는 곳이 그대로 명당이고, 복을 지은 사람은 길지吉地를 만난다."라고 말했지요.

저절로 되는 도리가 있습니다. 세상을 전부 거꾸로 살고 이치를 거꾸로 보고 있기 때문에 힘들지요.

저절로 되는 도리

옛날에 한 사람이 전해 내려 오는 비결을 통해 자기가 사는 근처에 명당이 하나 있다는 것을 알고 자기도 제법 지리에 밝아 어느 근처다 정도는 알고 있었습니다. 그런데 용이 천리를 지나 가는데 사람 하나 누울 자리가 명당이라고 그 명당 잡는다는 것이 쉬운 일이 아니었거든요. 마침 지리에 밝은 유명한 사람이 지나 간다는 말을 들은 그는 그 사람을 찾아 가서 붙들었습니다. 내가 이 근처에 명당이 있는 줄 아는데 좀 잡아달라고요. 그 명사가 보니 명당이 그대로 훤하게 나타 나는 것이었어요. 그래 이튿날 같이 갔는데 알쏭달쏭 보이지 않았습니다. 어름어름하니까 저 사람이 참말 명사가 아니다 싶었지요. 그 자리란 것이 대번에 알 수 있는 것이지 어름어름 할 필요가 없는 것이거든요. 결국 그 자리를 찾아 표시를 하긴 했는데, 그때 어느 총각이 관을 매고 와서 바로 그 자리를 파는 것이었어요. 그래 깜짝 놀라서 물었습니다.

"자네 이 자리를 누가 잡아 주었는가?"

"누가 잡아 준 것이 아닌데요."

"그럼 어찌 알고 이 자리를 파는 것이오?"

"내가 산에 나무하러 다니다 보니 여기가 항상 눈이 빨리 녹더라고요. 그래서 이 자리가 따뜻한 자리다 싶었지요. 우리 어머니 유복자라고 저를 낳아 기르느라고 항상 헐벗고 못 살았는데 여기 따뜻한 자리에 모셔야겠다 싶어 이 자리를 잡았지요."

이제 할 수 없다 싶었지요. 그런데 그 명당 자리라는 것은 그냥 앉는다고 좋은 것이 아니랍니다. 시간도 정해져 있고 앉는 격식이 있거든요. 시간은 오시午時여야 하고 관은 금관金棺을 쓰고 악대가 모여 풍악을 울리는 등 여러 가지 구비가 되어야 한다고 합니다. 그래 이 명사가 보아하니 그 청년이 가난한 무지렁이라 아무것도 모르고 갖출 수도 없으니 터 하나만 버렸구나 싶어 한쪽에 앉아 담배만 피우고 있었지요. 그런데 땅을 다 파 놓고는 그 총각이 송장을 안 묻는 것이었어요. 그래 왜 안 묻고 있느냐고 하니까 햇볕이 따뜻하게 들 때 묻겠다는 것이라. 어허, 그러면 그때가 오시가 되겠거든요. 그렇지만 금관이라야 되는데 어떻게 될까 싶어 지켜 보니까 노오란 보리짚으로 시신을 싸 갖고 온 것이

욕심만 털면 입이 모자라지 굶어죽지 않습니다.
이런 생각을 갖고 있는 사람이 큰 지혜를 갖고 있는 사람입니다.
지혜가 모자라는 사람이 고방에 재산을 많이 두고 있습니다.
탐진치 삼독의 결정체가 그 재산입니다.

었어요. 그것이 금관이 되겠거든요. 그리고 또 조금 있으니까 아이들과 나무꾼들이 자기 동무 어머니가 돌아 가셨다고 다들 골짜기에 모여서 오는데, 콧노래를 부르고 지게 작대기를 두드리며 흥얼흥얼 웅성웅성 오는 것이 그대로 악대거든요. 참 이것 잘 되는가 싶어 보니, 아, 방위가 틀어진 거예요. 그런데 오시가 되어 송장을 집어 넣는데 길이가 짧은 것이라. 그래 조금 돌리니 모퉁이에 들어 가거든요. 그러고 보니까 그 방위가 바로 들어 가졌단 말입니다. 임자가 되면 저절로 맞아 들어 간다는 소리입니다.

그러니 세상 사람들이 돈을 싸가지고 다니면서 명당 구하려고 하지만 그것이 되겠습니까? 지은 복이 없으면 안 되거든요. 좋은 묘 안 쓰고도 잘 될 사람은 결국 잘 되는데 그 이치를 모르고 묘를 잘 써서 잘 되는 줄 아니 모두 어리석지요.

까마귀가 울면 사람이 죽는다고 모두 흉조라고 그러는데, 까마귀 다 잡아 없애면 세상 사람 하나도 안 죽겠네요. 이렇게 세상 사람들이 전부 거꾸로 해석하니 안타깝습니다. 인과의 이치만 알아도 허황된 짓은 못 합니다.

내가 그런 부처님 법을 조금 훔쳐 아니까 복이나 지으라고 큰 소리 할 수 있었지요.

자기가 지은 만큼 사는 것이지 호리도 틀림이 없습니다. 이것이 인과입니다. 인과를 불신하기 때문에 남을 해치고 중상모략하고도 잘 살려 합니다. 그러니 얼마나 미련합니까? 좋은 길 옆에 두고 가시밭길로 기어 들어 가는 것이지요.

불교만 바로 서면 불치불난不治不亂이라, 다스리지 않아도 어지럽지 않고, 무위자화無爲自化라, 교화 안해도 스스로 교화됩니다. 그러니까 관청도 죄인 잡으러 쫓아다니지 않아도 되고, 잘 했느니 못 했느니 재판하는 판검사도 필요없고 천하태평입니다. 전부 인간이 자기가 재앙을 만들어서 스스로 그 굴 속으로 들어갑니다. 이것을 깨쳐서 알자는 것이 불교입니다.

진리에 순응할 때 나라가 발전하는 것입니다. 그 진리를 역행하고 외면할 때 나라가 어지러워집니다. 불교가 발전하면 나라가 발전한다는 것이 그 말입니다. 불법 세우는 정진에 다 함께 힘쓰길 바랍니다.

휘호로 보는 은사님 말씀 雲在靑天水在甁 (운재청천수재병)